자연스럽게 영어가 나오는

미라클 영어코칭

자연스럽게 영어가 나오는

미라클
영어코칭

진기석 · 김현수 지음

북포스

'언어는 삶의 기회를 제공한다'
동아대학교 법과대학 법학부 이학춘 교수

"게임중독에서 벗어날 수 없었어요." — 스페인 국무성 장학생으로 선발된 김 OO학생

게임중독으로 부모와의 갈등과 불화로 인해 정상적인 학창시절을 보낼 수 없었던 학생에게 새로운 희망과 꿈이 생겼다. 우여곡절 끝에 스페인 장학생으로 선발된 김 OO학생은 6개월만에 전과목 A+ 성적표를 받으면서 변화가 일어나기 시작했다. 자신의 삶의 기회를 만나게 된 것이다. 10년 넘도록 청소년의 미래와 꿈을 위해 다양한 교육 프로젝트를 진행하면서 언어와 문화의 장벽을 넘어설 때 또 다른 세계를 볼 수 있는 시야와 경험이 청소년의 미래를 만들어 가는 역사를 보게 된다. 청소년들에게 언어는 교과목이 아닌 삶의 기회를 제공하는 요술램프와 같다.

제조업과 IT가 접목된 4차산업혁명은 더 이상 먼 미래의 이

야기가 아니다. 빅데이타를 이용한 금융, 법률, 의사와 같은 직종들은 순식간에 사라지기 시작할 것이다. 시대적 트랜드는 삶의 구조와 가치관을 변화시키고 있다. 대학은 벚꽃 피는 순서로 사라지고 있으며 고등학교는 고교학점제와 더불어 자사고, 외고, 국제고는 일반고로 전환될 위기에 놓여있다. 저출산으로 학령인구의 감소는 수능 응시자가 최초로 40만명대로 떨어졌게 되었으며 인적 자원의 경쟁력 저하로 인한 국가 경영악화라는 악순환의 위기를 맞이하고 있다.

또한 우리의 미래는 코로나19처럼 예측할 수 없는 변수의 바람 앞에 풍전등화처럼 놓여있는 촛불과 같다. 이로 인해 우리의 학습환경은 비대면(온라인) 사회를 위한 IT 환경안으로 급격하게 변모하고 있다. IT환경 안에서 세계는 더욱 좁아졌고, 더욱 넓어졌다. 인터넷이라는 네트워크망을 통해 언제든지 접할 수 있는 세계가 바로 옆에 있지만, 그 세계의 문화와 역사 그리고 다양한 정보를 담고 있는 언어로 인해 자신을 포함한 세계는 더욱 멀게만 느껴진다. 세계의 문이 좁고 넓어질 수 있는 유일한 길은 '언어라는 열쇠를 사용할 수 있느냐'가 관건이다.

〈자연스럽게 영어가 나오는 미라클 영어코칭〉저자들과 함께 한 세월이 벌써 6년째다. 국무성 장학생들이 많은 도움을 받았으며, 대학생들이 1학기 만에 영어가 줄줄 나오는 모습도 보았다. 수능 만점과 토익 만점자도 보았다. 언어의 장벽을 해결하면서 학습적 장애까지 극복하는 사례를 통해 그들에게 영어 점수를 준 게 아니라 새로운 기회와 희망을 주었음을 강조하고 싶다. 이게 내가 본 〈자연스럽게 영어가 나오는 미라클 영어코칭〉 저자들의 노고라고 생각한다.

"우리 모두의 미래와 꿈은 언어 장벽을 해결하는 것이다!"

'영어는 학문이 아니라 사람이다'

(사)국민독서문화진흥회 회장 김을호

언어로 펼쳐지는 세상은 우리의 상상 그 이상이다. 성경에는 '태초에 말씀이 계셨다'라고 말한다. 또한 그 말씀이 천지를 창조했다고 표현하고 있다. 우리는 이 말씀이 사실일까? 라는 의문을 가질 지도 모른다. 사랑하는 연인의 '보고 싶다'는 한 마디는 서로의 애절함과 설렘 그리고 천리길도 마다 하지 않고 만나러 가게 하는 힘이 있다. 이처럼 말과 글은 상대의 마음을 움직일 만큼, 세상을 바꿀 만큼 심지어 세상을 창조할 만큼 힘과 기적이 있기 마련이다.

그러나, 어느 순간부터 말이 공부나 학문에 갇혀서 생명력을 잃어버렸다. 누군가의 의해, 평가시스템에 의해, 제도에 의해 말과 글에 고정관념이라는 패러다임을 갖게 한 것이다. 이런 명시적 학습 구조는 언어의 생명력을 상실했고 언어학습의 패러다임은 고착화되었으며 언어의 창의성을 마비시키고 말왔다. 이렇게 사람은 서서히 언어의 마력과 신비감을 잃어버리린 것이다. 정부와 기관이 국민의 독서환경과 문화를 조성하고자 다양한 사회적 활동이 이뤄지는 가운데 본질적인 독서의 목적을 상실하지 않기를 바라는 마음이 간절하다. 언어는 지식과 정보를 습득하고자 인간에게 주어진 것이 아니라 '사람이 사람다움'을 추구하고 인격적 성장을 위해 자신을 다듬어 가는 긴 여정의 산물이다.

사람이 '사람다움'을 형성하기 위해 반드시 선행되어야 할 것은 언어의 인격적 체험이다. 영어 단어 하나의 뜻을 알고 그 뜻을 시험 답안지에 잘 표시하는 것이 아니라 그 단어가 가지고 있는 언어적 감각과 문화적 깊이를 체험하는 것이다. <자연스럽게 영어가 나오는 미라클 영어코칭>은 얼핏 보면 자기개발을 목적으로 하는 실용서적 같지만, 인간의 언어습득의 최종목적은 사랑임을 함축적으로 표현하고 있다. 언어는 보이지 않는 것을 표현하는 힘과 보이는 것을 보이지 않게 하는 실루엣같은 힘을 가지고 있다. 오직 인간의 내면속에 실재하는 '사랑'이라는 것이 표현되기를 바라는 신의 선물일지도 모른다.

영어는 학문이 아닌 사람이다. 사람에게 인격이 있듯이 영어라는 언어에도 단체적인 인격이 있다. 같은 언어를 사용하는 사람들의 세월의 경험과 약속 그리고 혼이 담겨 있는 총체적인 결정판이 언어에 담겨 있기 때문일 것이다. <자연스럽게 영어가 나오는 미라클 영어코칭>을 통해 더 이상 학문과 평가시스템에 속지 말고 영어의 인격을 닮아 보는 건 어떨까? 생각해본다.

'씨앗이 되는 단어와 문장이 언어를 구사하게 만든다'

이 사실을 정확히 아는 사람들이 얼마나 있을까? 유치원 갈 나이만 되더라도 모국어를 얼마나 잘하는지 부모라면 누구나 다 아는 사실이다. 아이들은 아직 언어가 가지고 있는 임의적인 약속을 배우지도 않은 상태이며, 사회적으로 약속한 문자 암호를 해독할 수 있는 상태도 아니다. 그럼에도 불구하고, 얼마나 자유자재로 자신들의 생각, 감정, 의지를 잘 표현하는지 놀라울 따름이다. 이런 놀라운 현상을 우리는 쉽게 간과하고 있다.

우리의 어린 시절을 생각해보자. 초등학교를 들어가기 전에 이미 말하기는 끝난 상태였다. 문자를 어떻게 쓸지는 전혀 몰랐고 누구도 아이에게 문법을 알려주지 않았으며 말의 규칙을 정해주지도 않았다. 그저 '엄마'라는 단어를 입 밖으로 내뱉는데 2만 번의 반복이 있었고, 그 반복의 과정은 모국어를 말할 수 있는 원천적인 언어적 근력을 길러주었다. 아이는 그때부터 두 단어, 세 단어로 표현하기 시작하더니 어느 날 갑자기 문장을 구사하게 된다. 문자를 전혀 알지 못한 상태인데도 말이다. 어떠한 지식이나 정보 그리고 문자를 통해 언어를 배우지 않았지만 이미 입과 귀와 몸으로 익혀버렸다. 이것이 언어적 사고 장치가 시스템적으로 세팅 되는 과정이었다. 이처럼 씨앗이 되는 단어와 문장이 언어적 사고 시스템을 돌리는 핵심이다. 그런데, 우리는 언어습득의 본질을 제대로 짚어보지 않은 상태에서 영어를 배우려고 수없이 노력해왔다.

학생들이 말하기가 준비되지 않은 상태에서 학교나 학원에서 학습을 하려고 했고, 일반인이 영어회화를 배울 때 회화를 위한 씨앗이 되는 단어와 문장을 심는 훈련을 제대로 해본 적이 없다. 다시 말해 암묵적 지식으로 익혀야 할 것을 명시적 지식으로 실현하려고 애를 쓰다 보니 영어는 평생교육으로 전락하고 말았다. 어디 그 뿐인가! 영어는 기존 영어교육의 패러다임을 고수하며 잘 짜인 커리큘럼을 통해 영어를 영원히 못하게 만드는 조직, '영피아'의 전유물이며 기득권층의 소유물이 되어버린 지 오래다. 그들 덕분에 영어는 열심히 해도 안 되는 학문의 경지에 이르게 되었다.

저자는 분명하게 독자에게 전하고 싶은 메시지가 있다. '미라클 영어코칭'은 신비주의적인 것이 아니라 과학이며 기술이다. 과학과 기술은 언어습득의 기적을 일으킨다. 과학이라는 것은 진리나 법칙을 발견하고자 하는 체계적인 지식으로 작동 원리가 과학적 원리에 근거한다는 것이며 원인과 결과가 분명하고 입력과 출력이 분명하다는 의미다. 기술이라는 것은 이러한 언어습득의 과학적 원리를 바탕으로 암묵적으로 익혀지도록 돕는 기술코칭과 내적동기를 말한다. 이런 과학적이며 기술적인 요소의 결합은 알 듯 모를 듯한 언어습득 원리의 숨은 비밀을 밝혀주고 자연스럽게 영어가 나오게 만드는 기적을 경험하게 할 것이다.

〈자연스럽게 영어가 나오는 미라클 영어코칭〉의 출간 목적은 저자들이 다양한 교육기관과 외국계 업체 그리고 일반인들을 코칭하면서 가장 핵심적인 내용들을 정리해서 독자들에게 알려주고, 훈련도서를 통해 실제 훈련을 할 수 있도록 돕는 것이다. 영어의 달인이 되도록 씨앗이 되는 단어와 문장을 익히기 위해서 어떠한 과학적 원리가 근간이 되는지, 언어를 익히는 기술 코칭은 무엇이며, 어떻게 하는지, 그리고 내적 동기를 잃지 않도록 하기 위한 코칭은 어떻게 이뤄지는지 자세히 알려주고자 한다.

대한민국은 일제 강점기 전만해도 영어의 한(恨)이 없었던 민족이다. 오히려 10개월 만에 3천단어가 입에서 줄줄 나왔다는 문헌(고종실록)이 있을 정도로 언어의 달인이었던 민족이다. 우리 조상들과 유대인의 언어습득 방식이 얼마나 과학적이고 기술적이었는지 분명하게 알 필요가 있다. 유대인들은 3~4개 국어를 하는데, 같은 원리를 알고 있는 우리는 아직도 영어에서 벗어나지 못하고 있다. 기존의 영어패러다임에서 벗어나 잃어버린 언어의 자유를 회복할 수 있기를 바라는 마음 간절하다.

왜 〈자연스럽게 영어가 나오는 미라클 영어코칭〉인지를 자세히 살펴보고 훈련도서를 통해 자신에게 적용해본 독자들이 다음과 같이 고백하는 '사이다' 같은 소리를 듣고 싶다.

'영어는 어려운 것이 아니라 쉬운 거였네'
'이제야 영어의 한(恨)을 풀었네'

이제 영어를 못하게 만든 기존의 패러다임을 끝내야 한다. 우리 모두가 그 주인공이 되기를 바라며 이 사실이 실재임을 간증할 수 있기를 간절 히 바랄 뿐이다.

패러다임에 도전하는
진기석, 김현수 드림

contents

3장 Challenge_ 도전

4장 Continuation_ 지속

1장

Why

당연한 것에 대한 '의문들'

우리의 삶은 고정관념에 사로잡힌 옛 '나'와의 싸움이며
패러다임에 저항하는 새 '나'와 마주하는 것

독서人의 만남

왜 우리는 영어 패러다임에서 벗어나지 못하는가?

Miracle English Coaching

본 내용은 한국독서교육신문에서 <영어는 기술이다>저자와 함께 2019년 9월 3일자 교육특집 좌담회 내용이다. <자연스럽게 영어가 나오는 미라클 영어코칭> 저자와 동일 인물이다. 한국독서교육신문의 좌담회 내용이다. 영어 패러다임이 무엇이며 왜 우리는 여전히 그 함정에서 벗어나지 못하는지 영어교육의 현실을 진단한 내용이며 또한 앞으로 영어교육의 방향성을 엿볼 수 있는 단초를 제공하여 줄 것이다.

　우리나라에 영어가 상륙한 지 130여 년의 세월이 흘렀습니다. 긴 세월의 흔적은 사교육 시장의 확대, 영어 울렁증 환자의 증가, 입시와 취업을 위한 학습 풍토로 인해 영어습득의 본질이 무너진 채 아픔과 상처만 남겨졌습니다. 교육의 현실을 진단해보고 교육 현장에 일어나야 할 변화가 무엇인지 자성의 시간을 갖고자 합니다. 오늘 초대할 독서人은 <영어는 기술이다>

저자이며 대한민국 영어 대중화를 위해 현장에서 분투하고 있는 진기석, 김현수 저자님들을 모셨습니다.

최 기자 : 안녕하세요. 진기석, 김현수 작가님.

저자 : 안녕하세요. 만나서 반갑습니다.

최 기자 : 물어보고 싶은 게 많아서 바로 본론으로 들어가고 싶은데요. 우리나라의 영어교육을 어떻게 보시는지 궁금합니다.

진기석 : 이 질문을 받을 때마다 안타깝습니다. 영어교육의 130년이라는 아픔의 세월은 우리에게 '영어는 어렵다'는 패러다임을 만들었습니다. 이 패러다임은 아기 코끼리에게 족쇄를 채웠더니 어른이 된 후에도 코끼리는 이 족쇄에 묶여서 벗어나지 못하는 모습과도 같다는 생각이 듭니다. 어릴 때 코끼리가 경험한 족쇄는 자신이 아무리 발버둥을 쳐도 도망칠 수 없는 늪과 같은 것이죠. 그 경험은 어른이 되어 족쇄를 끊어버릴 힘이 있음에도 벗어날 수 없는 덫에 갇혔다고 여기며 산다고 합니다. 우리나라의 영어의 현실이 족쇄라는 패러다임에 갇힌 코끼리 같다는 생각이 듭니다.

최 기자 : 아, 그렇군요. 영어 패러다임이라는 표현을 하셨는데 좀 더 구체적으로 말씀해주시죠.

김현수 : 패러다임이라는 말은 〈과학혁명의 구조〉의 저자인 과학자 쿤에 의해서 처음 언급이 되었는데요. 인문학적 관점에서 표현해보면 그 시대의 사람이 가지고 있는 관념적 프레임이라고 할 수 있죠. 영어에서도 긴 세월 속에서 이런 관념적 프레임이 고착화된 것이 있습니다. 그 핵심이 바로 '영어는 어렵다'라는 패러다임이라고 생각합니다.

진기석 : 맞습니다. 영어는 어렵다는 고정관념이 패러다임을 형성할 정도니……. 영어 교육이 얼마나 왜곡되었는지 가늠할 수 있다고 봅니다.

최 기자 : 꽤 흥미롭네요. 영어가 어렵다는 패러다임을 형성했다? 라는 가정에 근거를 듣고 싶은데요.

진기석 : 우리나라 최초의 영어교육은 말하기 중심의 실용적 교육이었죠. 서당방식에 익숙한 우리 조상들은 10개월에 3천 단어가 입에서 줄줄 나올 정도로 자유자재로 표현할 수 있었다고 합니다. 일제 식민지를 거치면서 문화말살정책이라는 틀 안에서 우리의 언어습득 방식을 Input 중심의 독해와 문법 방식으로 바꿔버리면서 벙어리 영어로 전락하게 됩니다. 이때부터 영어는 어려운 학문의 길로 접어들게 됩니다.

최 기자 : 아, 그렇군요. 언어의 목적이 의사소통인데 말이죠.

김현수 : 이런 교육의 형태가 서서히 자리를 잡아가기 시작했고, 이 교육을 받으신 분들이 교사와 교수가 되면서 영어는 이렇게 배우는 것이 맞는 것처럼 사람들의 머릿속에 각인되기 시작한 셈이죠.

최 기자 : 그러니까 두 작가님은 '영어는 어렵다'는 패러다임을 깨는 것이 관건이라는 말씀이네요. 패러다임을 깨는 일이 쉽지 않을 것 같기도 하네요. 130년이라는 세월을 했으니…….

진기석 : 우리는 늘 가능성이라는 희망을 품고 살아간다고 생각합니다. '지구가 네모다'라는 패러다임이 무너질 때까지 긴 세월이 필요했지만, 실제로 그 사실을 검증해낸 기간은 그렇게 길지 않았습니다.

김현수 : 선박 기술과 도전정신을 가진 누군가를 통해 대양 항해가 이뤄진 몇십 년이 수천 년 이상의 패러다임을 깨버린 거죠. 이처럼 우리의 영어 패러다임도 깨질 수밖에 없는 시점에 와 있습니다.

최 기자 : 이제까지의 세월은 '숫자에 불과하다'라는 의미로

이해가 되는군요.

진기석 : 모국어를 익혔던 과정 안에 숨겨진 언어습득의 과학적 요소와 기술 코칭 그리고 그 사람의 내적 동기를 잃지 않도록 도와준다면 모든 언어는 모국어처럼 구사할 수 있다는 사실이죠. 더 중요한 것은 외우지 않아도 이런 일들이 일어난다는 겁니다.

최 기자 : 정말인가요? 외우지 않고 영어를 잘 할 수 있다는 말이 모국어를 생각해보면 맞는 것 같기도 한데, 왜 실감이 나질 않을까요? 저도 영어 패러다임에 갇혀 있는 건가요? (호호호호호~~)

김현수 : 정확히 보셨습니다. 간단한 진리도 그 진리가 자신에게 실제가 되지 않으면 객관적인 진리일 뿐이죠. '모국어는 24시간 노출된 상태지만 영어는 외국어인데'라는 패러다임에 갇혀 있죠.

진기석 : 이런 좌담회 형태로 패러다임을 깬다고 생각하기에는 무리가 있죠. 혹여 이해가 되었더라도 스스로 실제를 경험하지 못하면 그 사실은 자신에게 이뤄지지 않은 거죠. 영어 습득의 과학적 원리는 굉장히 심플합니다. 뇌가 정보를 인지하는

원리만 정확하게 이해한다면 언어가 과학인 이유가 분명해집니다. 과학은 원인과 결과가 분명합니다. 우리는 영어 습득의 핵심은 몰입에너지와 습(習)시너지 효과에 달렸음을 발견했습니다. 언어에서는 입력과 출력이 분명하다는 의미로 이해하시면 좋겠네요.

김현수 : 여기서 빼놓을 수 없는 중요한 요소는 바로 기술코칭입니다. 앞서 설명한 과학적 요소와 영어 습득 기술코칭과 내적 동기 코칭을 연계하면 영어를 모국어처럼 할 수 있게 되죠. 여기서 핵심은 배우는 것이 아닌 익히기 위한 코칭이 필요하다는 겁니다. 김연아 엄마를 생각해보시면 이해가 쉽습니다. 스케이트 기술은 김연아가 높지만, 그 기술을 익히도록 이끌어 주고 격려하는 동기 코칭은 엄마의 몫이었죠. 기술이 습득되도록 돕는 것과 그 반복적인 훈련을 지속하도록 이끌어 주는 내적 동기를 잡아주는 것이 언어습득의 원천입니다.

최 기자 : 이해가 될 듯 말 듯 하네요. 패러다임에서 못 벗어난 건지…….

진기석 : 사람들은 뭔가를 이해하려고 많은 정보와 지식을 섭렵하려고 하죠. 언어를 익히는 데에는 전혀 도움이 되지 않습니다. 언어는 이처럼 명시적 지식을 통해 익혀지지 않는다는

사실을 깨닫지 못하더군요. 암묵적 지식을 통해 언어가 형성되지 않고서는 아무리 명시적 지식을 통해 언어를 잘하고 싶어도 어렵다는 것을 빨리 아는 사람이 벙어리 족쇄에서 벗어날 수 있습니다.

김현수 : 암묵적 지식은 문자적인 정보나 지식과는 상관이 없습니다. 몸에 익혀진 정보죠. 쉽게 말해 자전거를 몸으로 익히는 게 자전거를 잘 타는 비결이라는 말과 같습니다. 자전거 타는 방법이 한 번 몸으로 익혀지면 몇 년이 지난 후에도 자전거 타는 것이 어렵지 않죠. 우리 언어도 이와 마찬가지로 언어가 한 번 익혀지면 몇 년의 묵언 수련을 했더라도 다시 말을 하는 데 어려움을 겪지 않는다는 말이죠. 언어는 그렇게 익혀지는 것입니다.

최 기자 : 이제 뭔가 이해가 되는군요. 암묵적으로 익혀진 언어의 토대 위에서 명시적 지식을 통해 확장해야 한다는 말씀이죠. 그런데, 우리는 암묵적으로 익히는 과정이 생략된 상태로 언어를 하려고 하니 어려워졌다, 이런 의미죠?

진기석 : 이제야 대화가 되는군요. 맞습니다. 좀 더 추가하면 암묵적 익힘의 과정에서 반드시 채워야 할 것이 바로 씨앗이 되는 단어와 문장이라는 겁니다. 이 단어와 문장이 암묵적으로

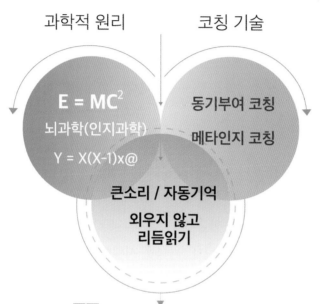

과학적 원리　　　코칭 기술

$$E = MC^2$$
뇌과학(인지과학)
$$Y = X(X-1)x@$$

동기부여 코칭
메타인지 코칭

큰소리 / 자동기억
외우지 않고
리듬읽기

習 **Synergy Effect**

핵심원칙을 일정기간동안 지속했을 때,
습관의 시너지효과가 발생한다.

영어의 달인

익혀져 있으면 언어의 달인으로 가는 길은 꽃길이 될 겁니다.

최 기자 : 갑자기 제가 해보고 싶은 생각이 드네요.

김현수 : 지금 기자님의 생각에 변화가 일어나기 시작했죠. 이 변화의 시작이 패러다임을 벗어나는 단초가 됩니다. 저희가 기자님의 생각에 영감을 주기 시작했다는 말이기도 합니다. 우리는 이 과정까지도 영어코칭의 시작이라고 생각합니다.

최 기자 : '생각이 바뀌는 것이 패러다임을 벗어나는 시작이다'는 말이 와닿네요. 교육 전문 기자로 활동하면서도 늘 잊고 있었던 것을 발견해주셨습니다. 영어의 패러다임을 깨는 일에 저도 일조를 하고 싶습니다. 가까운 시일에 또 뵙고 영어교육 시장의 변화를 주도하시는 모습을 인터뷰하고 싶습니다.

진기석 : 네, 영어는 어렵다는 패러다임의 뿌리를 완전히 제거한 좋은 땅에 새로운 씨앗을 심고 언어교육의 풍성한 열매를 맺을 수 있도록 끝까지 포기하지 않도록 하겠습니다. 언어를 창조한 민족의 후예답게 언어의 달인이 되는 대한민국을 꿈꿉니다. 그 실재를 확인하러 오시길 바랍니다. 감사합니다.

_ [독서人의 만남 _ 인터뷰 전문]

02

티오엘 회장의 기부,
영어 대중화의 신호탄이 되다

Miracle English Coaching

티오엘 회장의 기자회견 시간이 다가오고 있었다. 미국 실리콘밸리의 선두주자로 우뚝 선 한국인으로 올해의 인물에도 여러 번 선정된 바 있고 미국에서도 거물급 인사가 된 그는 기자회견을 준비하고 있었다.

기자회견장은 많은 언론 매체와 방송사가 자리를 잡고 수군거리며 기다리고 있었다. M 방송국의 최 기자, S 방송국의 김 기자, K 방송국의 박 기자뿐만 아니라 종편 방송국 기자들도 함께 있었다.

"오늘 발표할 내용을 아는 사람이 없나요?"

"보통은 보도 자료를 미리 배포하는데, 이상하네요."

"회장 측근 중 한 분이 귀띔한 내용은 상당한 금액을 기부한다고 하더군요."

S 방송국의 김 기자가 한 건 했다는 듯 의기양양했다. 다른 기자들은 기부라는 말에 웅성거리기 시작했다. 기부라고 하면 만 천하에 알리고 대서특필하기 좋아하는 것이 기업인들의 속성인데, 내용을 알리지도 않고 기자회견을 한다는 것이 좀 이상하다는 반응들이었다.

기자회견 시간이 되자, 모든 기자와 방송사 카메라는 오직한 곳만을 집중하고 있었다. 문이 열리고 중년 신사와 비서가 함께 들어왔다. 카메라 불빛이 터지고 기자들은 받아 적을 준비를 하면서 티오엘 회장의 입을 주목하고 있었다.

테이블 앞에 선 티오엘 회장은 기자들을 바라보며 말을 하기 시작했다.

"기자회견에 와 주셔서 감사합니다. 보도자료 없이 진행하게 된 점은 많은 양해 바랍니다. 제가 미국에서 성공할 수 있었던 것은 바로 영어라는 언어였습니다. 언어는 학습의 도구가 아닌 삶의 표현이고 삶 자체라는 것을 뼈저리게 느끼면서 대한민국의 영어 대중화를 실현할 수 있도록 돕고 싶었습니다. 우리나라는 하루속히 영어의 굴레에서 벗어나 국가경쟁력을 높여야합니다. 핀란드처럼 대부분의 국민이 영어를 할 수 있도록 만들어야 합니다. 대한민국의 한 국민으로서, 기업인으로서 제가 할 수 있는 방법을 모색하고 지원하고 싶다는 생각이 들었습니다. 제가 기부하는 것을 방송에 알리는 이유는 저의 선(善)을 알리고자 하는 것이 아닙니다. 국민 여러분이 영어 대중화에 관심을 갖고 적극적으로 동참하기를 바라는 마음에서 이런 자리를 만들게 되었습니다. 모든 국민이 관심을 갖고 개인과 국가의 경쟁력을 높이는 일에 동참했으면 하는 간절한 바람입니다."

기자들은 티오엘 회장이 누구에게, 어떤 기업에게 또 얼마나 큰 기부를 할 것인지 알고 싶어 안달이 났다.

2장

Change
변화

계절의 변화는 시와 때가 되면 자연스럽게 일어난다고 한다.

과연 그럴까?

보이지 않는 자연의 섭리를 주관하는 신이 있듯이

자신의 변화를 주도하는 보이지 않는

자신을 발견하는 것이 진정한 변화의 시작이다.

01

자신도 설득을 못 하면서…

Miracle English Coaching

One-day Coaching Center 앞에 한 부부가 서성이며 선뜻 문을 열지 못한 채, 사람들의 시선이 신경이 쓰이는지 불안한 기색이 역력하다.

"여기까지 왔는데, 뭘 망설이지!"

"망설이긴 누가 망설인다고 그래. 그럼, 당신이 먼저 문을 열고 들어가든가! 본인도 그러지 못하면서……."

여자의 목소리가 고드름 끝에 맺힌 물방울처럼 차가웠다. 언성이 높아지자 센터 안에서 한 중년의 남자가 문을 열고 주변을 살펴보기 시작했다. 부부는 순간 당황한 듯 언성을 낮추고 중년의 남자를 쳐다봤다.

"혹시 저희 센터에 오신 건가요?"

"아! 네, 실은 그게, 그렇습니다."

남성분이 머리를 숙이며 인사를 했다. 중년의 남자는 부부를 안으로 안내했다.

라운지를 거쳐 복도 양쪽에는 영어와 관련된 수많은 사람들의 사진과 영상이 전시되어 있었다. 어린아이들부터 80대 노인 분들까지 다양한 연령층이 행복한 모습으로 외국인들과 찍은 사진, 각종 대회에서 우승한 트로피를 들고 찍은 사진과 영상들, 자신의 이야기를 계속 영어로 말하면서 즐거워하는 모습들이었다. 왠지 자연스럽고 자신의 기쁨을 누리고 있는 포근함이 느껴졌다. 원장실로 안내된 부부는 차 한 잔을 마시며 긴장감과 침묵으로 어색한 시간이 흐르고 있었다.

"제임스 코치님, 절 기억하시나요. 15년 전에 저희 대학 강의에 오셨을 때 코치님을 곤란하게 만들었던 학생인데……."

제임스 코치는 유심히 쳐다보기 시작했다.

"이, 영, 한? 이영한 맞지?"

제임스 코치는 그때 사건이 떠올랐는지 기쁨보단 황당한 기분이었다.

"자네가 나를 찾아올 거라고는 상상조차 못 했네."

애써 내색하지는 않았지만, 불쾌한 만남임은 틀림없었다.

"저는 김소심이라고 합니다. 이 사람과 결혼해서 두 아이의 엄마이기도 합니다."

이들이 인사를 해도 제임스와 폴 코치는 전혀 반갑지가 않았다.

15년 전

독해와 문법이라는 철옹성이 영어교육의 주류를 형성하고 있을 당시, 제임스 코치는 한 대학의 총장으로부터 연락을 받았다.

"당신이 저술한 영어 코칭법에 관심이 있어서 연락을 드렸습니다. 정말 이런 방식으로 영어를 하면 말문이 트이는지 실험을 해보고 싶군요. 이미 검증된 방식이기에 책으로 출간이 되었겠지만, 대학이라는 교육기관에서 검증받아 보시는 건 어떠신지?"

"총장님, 감사합니다. 제 생각에는 우선 총장님부터 이 방식으로 코칭을 경험하시고 검증하신 후에 학생들에게 적용해보시는 것도 좋을 듯합니다."

"그렇군요. 당장 시작해봅시다."

그렇게 한 대학의 총장을 코칭하기 시작했다. 총장은 제임스와 폴 코치의 코칭을 받으며 성실하게 훈련을 받은 지 한 달 만에 전격적으로 신입생을 대상으로 영어 코칭을 할 수 있도록 지원해주었다.

"제임스, 폴 코치님, 실은 제가 미국 하버드 의학도입니다. 미국 생활을 하면서도 늘 어려움을 겪었던 것이 영어입니다. 시험에는 아무런 문제가 없었는데, 일각을 다투는 병원에서 의사소통은 생명과 직결되는 문제였죠. 아주 오랜 시간이 지나고 나서야 영어를 할 수 있게 되었죠. 그러면서 늘 생각했습니다. 영어를 이렇게 어렵게 배우는 길 외에는 없는지……. 이번에 훈련을 받으면서 확신이 생겼습니다. 일차적으로 신입생들부터 시작하시고 내년에는 전교생을 대상으로 확대하시면 좋겠습니다. 제가 확실히 지원하겠습니다."

제임스와 폴 코치는 뛸 듯이 기뻤다. 살다 보면 우연을 가장한 필연이 오는 것인가? 그동안 고생하며 준비했던 영어 코칭법을 공교육에서 활용할 수 있다는 게 꿈만 같았다. 대한민국의 영어 대중화의 첫 삽을 뜨는 느낌이었다.

신입생 대상으로 영어코칭은 아주 순조로웠다. 두 달 만에 학생들의 영어 실력이 일취월장하며 학생들 스스로가 익히는 즐거움을 느끼는 순간이었다. 학생 중에는 만학도도 제법 있었다. 대학생을 자녀로 둘 법한 중년층의 만학도들은 외우지 않고도 영어가 되는 방법에 열광했다. 신입생들의 검증된 결과로 2학기부터는 전교생을 대상으로 영어를 진행하기로 했다. 말로만 듣던 샴페인 터트리기는 이런 경우가 아닌가 싶었다. 하지만 1학기 마지막 코칭을 할 때, 일이 터지고 말았다. 이영한 학생의 주도로 피켓을 든 학생들이 갑자기 강의실로 몰려오는 바람에 정신이 없었다.

"제임스와 폴 코치는 물러가라. 이런 식의 영어교육은 듣도 보도 못했다. 물러가라. 물러가라."

"영어 수업이 장난이냐, 영어의 수준을 떨어뜨리지 마라. 물러가라. 물러가라."

마지막 코칭 시간은 아수라장이 되고 말았다. 결국 제임스와 폴 코치는 그 대학에서 더 이상 영어코칭을 할 수 없게 되었다. '영어는 기술이다'코칭법을 지원했던 총장도 두 손 두 발을 들 수밖에 없었다.

"미안합니다. 기존 영어과 교수들의 원성을 막을 수가 없군요. 영어교육의 근간을 흔들었다며 학생들을 선동하여 이 난리가 일어났더군요. 정말 미안합니다. 저도 어쩔 수가 없군요."

그랬다. 결국은 영어교육의 기득권층이 자신들의 밥그릇을 놓치고 싶지 않았던 것이다. 이영한 학생은 영어과 교수와 친인척 관계였고, 그로 인해 벌어진 해프닝이 제임스와 폴 코치에게 불똥이 튄 거다.

현재

'이영한'이라는 이름을 듣는 순간 가슴 아픈 추억을 떠올리게 되었다. 이 사람을 평생 다시 만날 일은 없을 거라고 생각했는데, 그래서 사람은 죄짓고는 못 사나 보다. 언젠가는 만나는 것이 인생인가? 지난 과거를 소환하며 구멍 난 가슴을 만지고 있을 때쯤 그의 아내가 말을 시작했다.

"선생님, 지난 과거의 제 남편의 과오를 용서해주시기 바랍니다. 남편의 미래와 제 자녀들의 영어교육 때문에 뻔뻔함을 무릎 쓰고 오게 되었습니다. 제 아이들이 학교에서 큰 말썽을 부리면서 학교 폭력 위원회의 결정으로 전학을 가야 할 위기에 놓인 상황입니다. 그리고 제 남편은 6개월 후에 해외 근무 대상자로 선정이 되었습니다. 남편의 기회가 아이들에게도 전학하기보다는 해외를 경험할 수 있는 계기가 되었으면 하는 마음이 들더군요. 남편의 경우는 몇 년 전부터 예정된 순서라 많은 방법과 노력을 동원했는데, 결국 이뤄진 것은 하나도 없더군요. 돈은 돈대로 쓰고 시간은 시간대로 허비하고 결국에는 영어는 못 하는 슬픈 현실이 되었습니다. 오죽하면 이름을 가지고 이놈의 영어의 한이라고 삼행시를 지었을까요. 코치님인지 선생님인지 원장님인지 모르겠지만, 시간이 없습니다. 도와주시죠."

이영한 씨는 그저 먼 산만 바라보고 있었다. 제임스, 폴 코치는 삼행시 한 번 기가 막힌다는 생각이 들었다.

"이영한 씨의 생각은 어떻습니까?"

이영한은 꿀 먹은 벙어리처럼 아무 말도 할 수 없었다. 그의 침묵은 지난 과거의 잘못 때문인지, 아니면 어떤 변명도 할 용기가 없는 건지 알 길이 없었다.

"두 분이 저를 생각해서 여기까지 와 주신 점 감사하지만, 그냥 돌아가십시오. 안 만난 거로 합시다."

제임스 코치의 단호한 한 마디에 부부는 당황했다.

"돈은 얼마든지 드리겠습니다. 혹여 이 사람의 과거로 인해 마음이 풀리지 않으셨다면 그것도 보상해드리겠습니다. 오죽

하면 원장님께 아픔을 준 사실을 알면서도 여기까지 왔겠습니까! 부탁 좀 드리겠습니다. 아이들의 미래를 위해서는 부모는 뭐든지 하는 거 아니겠습니까! 더 이상 엄마의 자존심을 상하게 하지 않으셨으면 합니다."

김 소심 답지 않은 담대함이 느껴졌다. 역시 엄마는 위대한 것 같다.

"다시 묻겠습니다. 이영한 씨의 생각은 어떻습니까?"

"……."

긴 침묵의 시간이 흘렀다. 답답함을 감추지 못하는 아내의 모습과 자신의 의사와는 상관없이 끌려온 이영한의 모습 속에서 묘한 자존심과 이질감이 느껴졌다.

"두 분은 그냥 돌아가시기 바랍니다. 이영한 씨는 자신을 설득할 마음의 준비가 전혀 되어 있지 않습니다. 이런 분을 코칭해봐야 저만 돈 버는 일이 됩니다. 이 사람과의 악연을 더 이어갈 의사는 전혀 없다는 말씀을 드립니다. 혹여 자녀만이라도 원하실지 모르지만, 그것도 거절하겠습니다. 이영한 씨는 제 방식을 언제든지 반대할 사람이니까요."

02

늘 누군가는
패러다임에 도전하기를 원한다

Miracle English Coaching

얼마의 침묵이 흘렀을까? 이영한의 입이 움직이기 시작했다.

"코치님, 제가 여기 오기까지 참 괴롭고 죄송한 마음이었습니다. 제임스 코치님과 폴 코치님을 뵐 자신이 없었습니다. 두 분의 미래를 망친 장본인이라고 생각했기 때문에 늘 괴로운 시간을 보냈습니다. 물론 그때 친척이신 교수님께 저를 이용하신 것을 원망도 했지만, 그런들 무슨 소용이 있었겠습니까! 한편으로는 더 많은 시간과 노력을 투자해서 보란 듯이 영어를 잘해서 찾아뵙고 자랑하고 싶었지만, 아무것도 이뤄진 게 없더군요. 몇 년의 허송세월을 보내자, 점점 자신감은 사라지고 수차례 코치님이 떠올랐지만, 찾아올 용기가 나질 않더군요. 용서를 빌 자신조차 없었으니까요. 그러는 사이 시간은 걷잡을 수 없을 만큼 흘렀고, 아이들의 영어교육 문제까지 떠안은 상황이 되니 겁이 나더군요. 제 아집으로 저뿐만 아니라 아이들까지 힘들게 하는 것은 아닌지……."

이영한은 사죄의 눈물을 흘리고 있었다.

제임스와 폴 코치도 한동안 말을 잇지 못했다. 아픔과 슬픔 그리고 서러움 속에 사무쳐 버린 실패, 한 인간에 대한 원망까지 갖고 있던 터라 지난 세월의 상처는 쉬 아물지 못했다, 이제 이들 앞에 자신의 과오를 사죄하고 눈물로 후회하며 영어를 배우고 싶다고 간청하는 이들의 모습을 보며 두 코치는 서로 쳐다볼 뿐이었다.

제임스 코치는 긴 생각의 터널을 빠져나온 듯 말을 하기 시작했다.

"이영한 씨, 그때를 생각하면 정말 화가 나는 건 사실입니다. 대학교수라는 공교육의 직위와 명예를 가질 기회를 놓친 건 분명하니까요. 하지만 우리는 그 사건으로 상당히 성장할 수 있었죠. 안주하지 않고 도전할 수 있는 디딤돌이 되었으니 역으로 영한 씨에게 감사해야 할 것 같네요."

"영한 씨, 우리는 지금 한 대학의 영어가 아닌 대한민국의 영어 대중화를 위해 움직일 수 있도록 인도된 셈이라 열정과 흥분으로 가득하답니다. 어찌 보면, 그 세월 동안 대가를 치른 분은 영한 씨와 당신의 가족일지도 모른다는 생각이 드네요."

폴 코치도 한마디 거들었다.

"그러니, 이제 죄책감이나 미안함에 대한 짐들을 이 순간부터 내려놓으시기 바랍니다."

두 코치의 한 마디에 영한과 아내는 감사하다며 연신 고개를 숙였다.

"자, 이제 과거의 악연 간의 대화는 여기까지만 하고, 현실적인 문제를 짚어가도록 합시다."

제임스 코치는 다시 흥분하기 시작했다. 영어 이야기만 나오면 두 코치는 눈이 반짝반짝 빛났다. 이런 열정이 지난 세월의 아픔을 눈처럼 녹였을 것이다.

"6개월 후에 외국인과 하루를 온종일 보내야 합니다. 하루 동안 생활하면서 영어로 일상과 비즈니스를 어떻게 진행하는지 면접을 보게 됩니다. 외국인 울렁증까지 있는 저에게 과연 기적 같은 일이 일어날지……."

영한은 자신의 현실에 다시 푸념이 나오고 말았다. 듣고 있던 그의 아내도 한숨을 내쉬었다. 아직 해결할 문제가 더 있음을 느끼게 해주는 암묵적인 신호였다.

"저희 자녀들도 상황이 녹록지 않습니다. 영어에 대한 안 좋은 추억이 트라우마가 되었는지 영어만 보면 머리가 아프다고 하니……. 한 번은 과외 선생님과 말다툼을 하고 가출도 여러 번 했습니다."

부부는 서로 바라보며 도움을 바랄 뿐이었다.

"영한 씨나 우리 자녀들이 더 이상 잃을 게 있는지 확인할 필요가 있습니다. 영한 씨가 더 시도할 방법이 남았는지? 자녀들의 트라우마를 해결할 다른 방법이 있는지?"

"여기서 새로운 시도가 필요한 분이 바로 김소심 씨입니다. 자녀들의 영어 문제를 누군가에게 맡기지 마시고 엄마가 직접 해결하셔야 합니다. 자녀들은 마음의 문제도 함께 해결될 방안을 찾아야 하니까요."

폴 코치의 한 마디에 김소심 씨는 당황하며 두 코치를 쳐다보았다.

"제가 아이들에게 영어를 가르치라는 건가요? 당장 아이들의 상황이 급한데, 제가 언제 배워서 가르칩니까?"

김소심 씨는 황당한 표정을 지었다.

"폴 코치의 제안이 아주 좋은 시도라고 생각합니다. 콜럼버스의 달걀 이야기를 아십니까?"

제임스 코치의 말에 부부는 다 안다는 듯이 고개를 끄덕였다.

"누가 달걀을 세울 수 있느냐는 질문에 많은 사람이 시도했지만, 아무도 달걀을 세우지 못했죠. 그때 콜럼버스가 나와서 달걀 끝부분을 깨뜨려서 달걀을 세우게 됩니다. 그러자, 사람들이 비웃으며 그렇게 하면 못 할 사람이 어디 있느냐며 조롱을 했죠. 콜럼버스의 일화는 누군가가 상식을 깨고 시도하지 않으면 이런 당연한 것조차도 알 수 없다는 발상의 전환을 일깨워주는 일화죠. 기존의 관념을 깨기 좋아했던 콜럼버스는 결국 새로운 대륙을 발견하게 되고 그 사건으로 인해 지구가 네

모난 것이 아니라 둥글다는 새로운 패러다임을 만드는 데 혁혁한 공을 세우게 됩니다."

제임스 코치의 설명에 조금씩 수긍해가는 눈치였다.

"이런 일화가 객관적인 사실로만 존재하지 않고 두 분과 가정에 실질적으로 적용될 수 있도록 생각의 전환이 필요하죠. 엄마가 영어를 함으로써 자녀의 트라우마와 생활에 변화가 생길 수 있다는 발상은 중요하다고 생각합니다. 이 부분은 두 분이 저희의 제안을 받아들이면 구체적으로 설명하도록 하겠습니다. 그리고 한 가지 더 말씀드리면 저희가 말하는 영어는 가르치는 것이 아니라 코칭 하는 겁니다. 코칭의 핵심은 스스로 문제를 해결할 수 있도록 이끌어 주고 끝까지 포기하지 않는 것이죠. 어머님이 자녀를 포기할 수 없듯이 엄마가 영어코치가 되면 자녀의 영어를 포기할 수 없게 될 겁니다."

폴 코치의 쐐기를 박는 한 마디에 앉은 자세를 바로 하고 적극적으로 경청하기 시작했다.

"두 분은 오늘 굉장히 중요한 사실을 이해하기 시작하시면서 마음의 변화가 조금씩 일어나기 시작했습니다. 바로 가능성을 보게 된 거죠. 영어를 단순히 하나의 교과목이나 시험의 대상으로만 바라보지 않아야 합니다. 언어는 하나님이 인간에게 준 선물입니다. 신이 인간에게 언어를 준 목적은 서로 사랑함을 표현할 수 있도록 돕기 위한 도구였습니다. 두 분과 자녀들 사이에 충분히 사랑하고 있음을 알고 있다면 아무리 학교생활이나 영어가 어려워도 견딜 만한 내공을 가지고 있다는 사실입니다. 언어를 공부라는 틀에서 벗어나 서로 간의 사랑이 넘치게 하는 묘약이라고 생각해봅시다."

"사랑이 넘치게 하는 묘약이라고요?"

부부는 신비한 느낌을 받았다. 영어가 한 가정에 질긴 악연으로만 여겨졌는데 사랑이라고 하니 할 말이 없기도 하고, 실제 자신들의 가정 안에서 사랑보단 옳고 그름을 따지고 각자의 아픔을 서로의 잘못으로 떠넘기기 바빴으니 언어가 사랑이라는 말이 마음의 한구석을 가시처럼 찌르듯 따가왔다.

"한 번 해보겠습니다. 더 이상 떨어질 것도 없고, 물러설 곳도 없습니다. 더 잃을 것도 없는 상태입니다. 제가 가지고 있는 영어에 대한 모든 것을 내려놓고 두 코치님께서 코칭 하는 대로 해보겠습니다. 마지막 희망입니다. 부탁드립니다."

부부는 약속이라도 한 듯 일어서서 코가 바닥에 닿을 정도로 머리를 숙이며 거듭거듭 부탁한다는 말을 남긴 채, 집으로 돌아갔다.

내가 영어를
해야만 하는 이유

"악연을 코칭하게 될지 몰랐네요."

폴 코치는 여전히 얼떨떨했다.

"세상살이라는 게 참 희한하네. 헤어짐에는 늘 만남을 염두에 두어야 한다는 말이 새삼스럽구먼."

제임스 코치는 영한 씨네 가족을 코칭 한다면 어떻게 해야할지 깊은 생각에 잠겼다.

3일 후

두 코치는 D그룹 회장 자녀를 코칭하고 센터로 복귀하던 중에 엘리베이터 앞에서 만난 사람은 다름이 아닌 영한 씨 내외였다.

"안녕하세요. 코치님~! 저희가 좀 늦었죠. 기존의 있던 것들을 정리하고 오느라 좀 늦었습니다. 저희 부탁은 아직 유효하죠. 오늘부터 코칭을 받고 싶습니다. 단 하루도 아까운 시간이라는 생각이 들었어요."

"우리 가정이 영어라는 매개체로 새로운 가정으로 거듭나고 싶다는 간절한 소망이 생겼답니다. 이제까지 누구도 언어의 본질을 사랑으로 표현한 적이 없었다는 생각이 듭니다. 우리 가정이 회복되기 위해 영어가 필요하다는 말이 맞을지 모르지만, 분명한 사실은 저희 부부와 자녀들은 대화가 필요한 것만큼은 확실하더군요. 가정의 회복과 영어 완전정복, 두 마리의 토끼를 잡아볼 생각입니다."

3일 전과 사뭇 다른 이들의 말에는 두 코치에 대한 신뢰가 묻어 있었다. 어떤 말과 행동이 이들에게 변화를 일으켰는지 모르지만, 스스로 확신을 가질 수 있도록 자신을 설득했다는 것이 긍정적인 신호였다.

"좋습니다. 지금부터 코칭을 위한 첫 번째 의식을 치르도록 하겠습니다. 서로의 마음가짐과 목적을 분명히 하기 위한 계약과 서약을 하고자 합니다. 내용을 살펴보시고 궁금한 점이 있으시면 질문하시기 바랍니다."

폴 코치는 '코칭 계약서'를 두 사람에게 전해주었다. 꼼꼼히 읽어보던 영한 씨는 뭔가 궁금한 듯 안경을 만지작거리며 말문을 열었다.

"코치님, 영어를 해야만 하는 자기만의 이유를 세부적으로 적어야 하나요?"

"그렇습니다. 전반적인 부분과 세부적인 부분을 다 적어야 합니다. 꿈이 왜 꿈으로 끝난 줄 아시죠? 꿈은 자신을 만들어가는 원천이기도 하지만, 꿈이 개꿈으로 끝나는 경우는 꿈에 대한 구체적인 징검다리 목표가 없었기 때문이죠. 꿈을 로또 복권처럼 여기는 경향이 있습니다. 꿈은 복권처럼 우연히 다가오지 않죠. 과정을 겪지 않고는 실재는 이뤄지지 않는다는 말입니다."

"구체적으로 도움을 줘야 될 것 같습니다. 저 같은 경우는 영어를 해야만 하는 이유가 자녀와의 관계회복인데, 영어와 연계해서 세부적으로 무엇을 어떻게 접근해야 할지 도무지 감이 안 옵니다."

소심 씨도 난감한 표정이었다.

"먼저 두 분의 최종목표를 이루기 위한 첫 번째 단계는 '나는 영어코치다'라는 사실을 인식하는 것입니다. 이러한 사실을 스스로 검증하기 위한 과정으로 세부적인 코칭목표가 있습니다. 그 목표를 하나씩 달성해야 하겠죠. 그리고 중간 단계는 잠시 비워두시고 마지막 단계는 각자의 최종 목표를 적어두세요."

영한 씨는 자신의 최종목표를 외국인과 자유롭게 대화하기, 소심 씨는 자녀와 관계회복이라고 적었다. 한 글자마다 정성을 다해 적는 영한과 소심의 모습에서 간절함이 느껴졌다. 계약서

를 작성하고 난 후, 두 사람 앞에 서약서 한 장이 놓여 있었다. 코칭을 받는 자신의 마음을 표현하고 자신과 코치에게 최선을 다하겠다는 일종의 다짐인 셈이다. 서약서를 작성한 두 사람은 One-day Coaching Center 가족들 앞에서 서약서를 낭독할 차례였다. 떨리는 마음으로 무대 앞에 서서 한 사람씩 자신의 서약서를 읽기 시작했다.

"나, 이영한은 6개월간 영어코치로서 최선을 다할 것이며, 영어의 한(恨)을 푸는 마지막 기회라고 여기고 코칭에 임할 것을 서약합니다."

"나, 김소심은 내성적인 성격으로 인해 배우지 못했던 영어를 정복하고 아이들과의 관계도 회복하여 자녀들과 함께 해외여행을 갈 수 있도록 최선을 다할 것입니다. 가정의 회복을 위해 흐트러짐 없이 코칭에 임할 것을 서약합니다."

두 사람의 서약은 센터 식구들이 증인이며 지원자로 세워졌고 동영상과 사진으로 기록을 남겨두었다. 과연 이들의 영어 도전기는 성공할지, 실패할지 모르지만 적어도 두 사람에게는 새로운 시도임은 틀림없어 보인다.

04

영어는 과학이다

Miracle English Coaching

사람들 앞에서 선포한 두 사람의 마음은 설레기 시작했다. 마치 의대생들이 히포크라테스 선서를 하는 것처럼 언어를 주관하시는 하나님께 양심선언을 하듯 엄위와 각오를 느낄 수 있었다.

"두 분을 지금부터 이 코치, 김 코치라고 부르도록 하겠습니다. 아직 이뤄지지 않은 사실이지만, 이미 이뤄진 줄로 알고 생각하고 행동하시기 바랍니다. 우리의 뇌는 우리의 생각대로 말하고 행동하게 됩니다. 겸손이니 어색이니……. 이딴 것은 없는 것으로 여기십시오. '나는 영어코치다'라는 의식이 확실히 자리 잡도록 자신에게 늘 주문하시기 바랍니다. 아시겠죠. 이 코치님, 김 코치님?"

"아! 네, 처음 듣는 호칭이라 어색하기는 하네요. 빨리 적응

하도록 하겠습니다. 제임스 코치님."

"하하하하, 호호호호."

"이제부터 우리는 '영어는 과학이다'라는 사실을 가지고 잠깐 이야기를 해보도록 하겠습니다."

"과학 하면 떠오르는 단어는 뭐가 있을까요?"

"그야 물론 '객관적이다', '논리적이다', '원인과 결과', '공식', '설명할 수 있다' 등등 이런 느낌의 단어들이 떠오릅니다."

"그렇죠. 과학은 객관적이고 입력과 출력이 분명하죠. 그뿐만 아니라 어떤 현상을 설명할 수 있는 근거를 가지고 있을 때 우리는 '과학적이다' 혹은 '논리적이다'라고 합니다. 맞죠?"

"네, 제가 과학은 잘했어요."

김 코치의 의외의 반응에 모두 놀랐다.

"아, 그렇군요. 그럼 영어도 잘하실 겁니다. 과학과 상관없이 모든 사람이 자신의 모국어를 할 줄 안다면 다 영어를 잘할 수 있는 과학적 원리가 몸 안에 숨겨져 있다는 겁니다."

"그러니까, 모든 언어는 과학적 원리를 토대로 몸 안에 이식된 장치와도 같다는 말씀이네요."

이 코치의 한 마디는 놀라운 반응을 일으켰다. 이 코치도 자신이 말한 내용이 좋았는지 적극적으로 참여하기 시작했다.

"아주 좋아요. 모든 사람은 언어를 익힐 수 있도록 프로그램화되었다고 여기시면 됩니다. 이 프로그램을 돌리기 위해서는 기본적인 소스가 필요하죠. 그 소스가 제대로 공급된 상태가 될 때 그 나라의 언어를 말할 준비가 끝나게 되는 겁니다."

"좀 더 전문적으로 말하자면, 씨앗이 되는 단어와 문장이 자동기억 장치를 통해 출력되도록 프로그램이 세팅된 후부터는 그 언어는 이미 사용 가능한 상태가 됩니다. 19세기 이탈리아 볼로냐에서 태어난 메조판티 추기경은 72개 언어를 구사할 수 있었고, 현존하는 공식적인 언어 천재 그레그 콕스는 64개 언어를 구사하고 있죠. 통상적으로 10개 언어는 원어민처럼 사용 가능하다는 논문이 발표되기도 했죠. 사람들은 언어지능이 높은 사람이나 천재성을 가진 사람만이 다양한 언어를 구사할 능력이 있을 거라고 생각하지만, 그렇지 않아요. 유대인들 대부분은 3-4개 국어를 자연스럽게 사용합니다. 아무리 유대인이 천재가 많다고 하지만, 평범한 유대인들도 다국어를 사용한다는 점을 생각해보면 과학적 원리가 있습니다."

두 코치는 유대인들이 해마다 노벨상을 받아 가는 것은 알고 있었지만 3-4개 국어를 사용할 줄 안다는 제임스 코치의 얘기에 귀를 쫑긋 세우며 다음 말에 집중했다.

"여기서 우리는 궁금해야 할 부분이 있습니다. 어떻게 하면 씨앗이 되는 단어와 문장이 자동기억 장치를 통해 출력되도록 프로그램을 세팅할 것인가? 하는 부분이죠. 이 과정이 과학적으로 접근이 가능한 것인가를 살펴봐야 합니다."

폴 코치의 열변에 두 코치는 호기심을 갖기 시작했다.

두 코치의 호기심을 모아 제임스 코치가 화이트보드에 하나

의 공식을 적기 시작했다.

"이 공식을 본 적이 있죠?"

"아인슈타인의 상대성이론으로 알고 있습니다."

"맞습니다. 이제는 '영어는 과학이다'라는 관점에서 이 공식을 이해할 필요가 있습니다. 모든 과학에는 전제조건이 있습니다. $E=MC^2$의 전제조건은 제한된 시간이라는 조건입니다. 제한된 시간이라는 것은 각 사람이 집중할 수 있는 시간이 조금씩 다르다는 거죠. 학교에서 수업 시간이 제한된 이유와 관계가 있습니다. 통상적으로 30-50분을 집중에너지 사이클로 본다면, 집중에너지를 향상시키는 조건은 두 가지가 있습니다."

"바로 학습량과 속도입니다."

"공식을 정리해보면 제한된 시간 안에서 집중에너지는 학습량에 비례하고 속도의 제곱에 비례한다는 의미를 갖게 됩니다."

"학창 시절에 시험 준비를 해본 사람이라면 쉽게 이해가 될 겁니다. 시험 준비를 하면서 작성한 오답 노트나 요약 정리한 노트를 쉬는 시간에 빠르게 훑어보는 일들을 많이 했을 겁니다. 10분이라는 짧은 시간에 많은 학습량을 빠른 속도로 훑어보면서 자신이 아는 것과 모르는 것을 순식간에 구분하면서 넘어가는 자신의 모습을 기억하시면 더 이상 설명이 필요 없는 공식이기도 하죠."

"말씀을 듣고 보니, 저도 벼락치기 공부를 많이 했던 기억이 있어서 완전 공감이 됩니다. 시험 기간만큼은 완전히 집중해서 그 많던 학습량과 문제를 빠르게 해결했던 경험이 있죠."

김 코치가 이해된다는 듯 자신의 경험을 설명했다.

"저는 전혀 다른 경험도 있습니다. 독서를 할 때 일어나는 현상인데,"

이 코치가 잠시 머뭇거리더니 웃으며 이야기를 시작했다.

"아내한테는 말을 한 적이 없지만, 제가 책만 읽으면 어찌나 잠이 오는지……."

"하하하하, 호호호호, 으하하하하."

모두 한 번쯤 겪어본 경험인지라 마주 보며 이해한다는 뜻으로 웃고 말았다.

"좋은 경험을 하셨네요. 그런 현상은 $E=MC^2$을 완전히 벗어낮기 때문이죠. 우선은 제한된 시간을 정하지 않았다는 것과 제한된 시간에 어디까지 읽을지 학습량을 정하지도 않았죠. 결정적으로 뇌가 문자를 읽는 속도와 눈이 읽는 속도의 현격한 차이가 있다 보니 뇌는 토끼가 되고 눈은 거북이가 된 셈이죠. 그러니 토끼가 너무 빨리 가서 졸았듯이 뇌도 졸음이 오게 된 거죠."

폴 코치의 부연설명에 이 코치는 머리를 만지며 웃었다.

"마감효과라는 심리적 요인과도 관계가 있죠. 일을 슬렁슬렁 하다가 마감일이 임박하면 초인적인 집중력이 생기면서 미뤄 두었던 많은 일을 빠른 속도로 처리하는 모습과도 비슷하죠. 다시 정리하면 두 코치님이 훈련할 훈련도서를 제한된 시간에 정해진 학습량을 빠른 속도로 읽다 보면 집중력이 높아진다는 사실입니다. 이렇게 높아진 집중력은 메타인지를 향상시키는 데 일등 공신이 됩니다."

제임스 코치의 정리된 내용을 신임 코치들은 열심히 받아 적기 시작했다.

제임스 코치는 두 번째 과학적 원리를 보여주었다. 이번에는 뭔가 내용이 많은 듯 칠판도 여백의 미(美)가 사라져버렸다.

"이번에는 각오를 단단히 해야 할 것 같네요. 복잡한 수식과 한문 그리고 생소한 표현들이 있는 걸 보니……."

두 코치는 살짝 긴장한 듯했다.

"수능 보는 것도 아니고 취업 시험을 치르는 것도 아닌데, 너

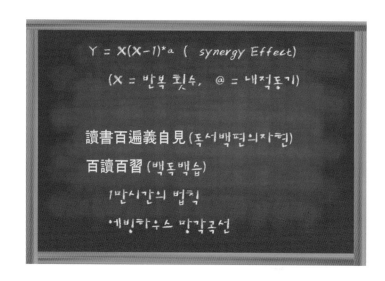

무 걱정하지 마세요. 그래도 집중해서 들으시면 도움이 됩니
다."

폴 코치의 한 마디에 잠깐의 여유가 생겼다.

"우선, 핵심 공식을 이해하기보단 주변의 내용을 먼저 정리
해보도록 하겠습니다. 讀書百遍義自見(독서백편의자현)에 관한
일화를 소개할게요. 중국에 한 학자의 일화입니다. 학문에 대
한 동우(董遇)의 명성이 높아지자 그에게 배우려는 사람들이
각지에서 몰려들었죠. 하지만 그는 그들을 선뜻 제자로 받아들
이려 하지 않았습니다. 어떤 사람이 배움을 청하자 그는 "마땅
히 먼저 백 번을 읽어야 한다. 책을 백 번 읽으면 그 뜻이 저절
로 드러난다."라며 사양했죠.

"백독백습(百讀百習)도 유명한 일화죠. 아시는 분이 설명하시면 더 좋겠네요."

제임스 코치의 제안에 김 코치가 헛기침을 하며 손을 들고 설명을 하기 시작했다.

"어린 세종은 태종이 주는 책이면 뭐든지 밤을 새워가며 읽었다고 합니다. 세종의 독서법은 좀 남달랐는데, 한 번 읽고 쓸 때마다 '바를 정'자를 표시해 가며 백 번을 읽고 백 번을 썼다고 해서 유래된 고사성어로 알고 있습니다."

한자의 핵심을 정확하게 설명하는 김 코치에게 모두 감탄했다.

"그럼, 이번에는 1만 시간의 법칙을 이 코치님이 설명해보시죠"

"부담되지만, 설명을 해보도록 하겠습니다. 그러니까 제가 이해하기론 성공한 사람들의 원인을 살펴봤더니 무슨 일이든지 1만 시간을 투자하면 그 분야의 전문가가 된다는 것으로 알고 있습니다."

제임스와 폴 코치는 두 코치의 설명을 들으며 박수를 보냈다.

"자, 그럼 마지막은 제가 말씀드리겠습니다. 에빙하우스의 망각곡선은 학습한 내용이 시간의 경과에 따라 어떤 비율로 기억에서 점점 사라지는지 보여주는 근거이기도 하면서 장기기억으로 저장하기 위해 어느 시점에 지식이나 정보를 몇 번의 반복을 해주면 되는지를 알려주는 함수 곡선이죠. 때에 맞춘 반복이 지식과 정보를 장기기억으로 저장하는 데 도움이 된다는 것을 알려주는 과학적 근거인 셈입니다."

폴 코치의 설명이 끝나자, 두 코치는 지금까지 설명한 내용과 마지막 공식과의 관계가 궁금해지기 시작했다.

Y=X(x-1)×α와 앞에서 설명한 내용과의 관계가 어떤 연관성이 있는지 알 필요가 있습니다."

Y(쩝시너지효과) =X(x-1)×α (내적 동기, 꿈, 비전, 목표)

X = 1일 때, Y = 0 (효과가 전혀 나타나지 않음)

X = 2일 때, Y = 2 (반복효과만 나타남)

X = 3일 때, Y = 6 (반복 횟수의 2배 효과 발생_ 시너지효과 시작)

X = 4일 때, Y = 12 (반복 횟수의 3배 효과 발생)

X = 5일 때, Y = 20 (반복 횟수의 4배 효과 발생)

.

.

.

X = 99일 때, Y = 9,702 (반복 회수의 98배 효과 발생)

X = 100일 때, Y = 9,900 (반복 횟수의 99배 효과 발생)

X = 101일 때, Y = 10,100(반복 횟수의 100배 효과 발생)

"익힘으로 인한 시너지효과는 분명히 반복과 관계가 있습니다. 讀書百遍義自見(독서백편의자현)이나 百讀百習(백독백습), 그리고 1만 시간의 법칙과 에빙하우스 망각곡선 모두가 익히는 과정을 반복해야 한다는 명제를 가지고 있죠. 이들과 習시너지효과가 다른 점은 바로 외우지 않고도 반복함으로써 익힘의 시너지효과가 발생한다는 것이죠."

두뇌 과학

"이 부분을 이해하기 위해서는 인간의 뇌를 알아야 합니다. 기억은 뇌 신경세포와 시냅스에 저장된다고 알려져 있죠. 뇌에는 엄청나게 많은 신경세포(뉴런)가 있다고 하죠. 신경세포들의 가지와 가지를 이어주어 신호를 주고받는 부위가 바로 시냅스입니다. 기억의 메커니즘은 이런 신경세포와 시냅스의 작용을 통해 일어납니다. 그것은 신경세포와 시냅스 분자들에 나타나는 변화이기도 하며, 또한 세포 간 연결 패턴의 변화이기도 합니다. 기억이 저장된 분자, 세포, 연결망 수준의 흔적, 즉 '기억 흔적' 또는 '기억 장소'를 엔그램(engram)이라고 하죠. 과학적으로 더 밝혀질 내용이 있지만, 시냅스의 패턴과 두께가 일정해지고 두꺼워질수록 그 경로에 형성된 기억은 장기기억으로 저장될 뿐만 아니라 자동 기억되어 메타인지 향상에 영향을 줍니다."

어려운 부분의 설명을 들은 두 코치는 고개를 갸우뚱하며 이해되지 않은 눈빛이었다.

"자동차 운전을 하고 있는 우리의 모습을 생각해봅시다. 처음 시작하는 단계에서는 자동차를 운전한다는 것 자체가 어려운 일이었죠. 그런데, 운전이 조금씩 익숙해지면서 운전하는 것보단 속도를 즐기고 싶은 생각이 듭니다. 속도를 높여서 운전하는 동안 신호와 차량과 같은 교통상황에 온갖 신경이 쓰이지만, 이 또한 익숙해지면 속도나 교통상황에 상관없이 주변 경치를 즐기는 정도까지 가능하게 됩니다. 여기까지 이해가 되셨나요?"

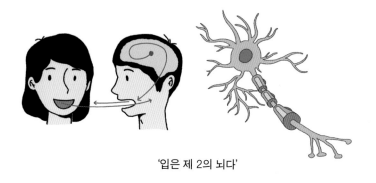

'입은 제 2의 뇌다'

제임스 코치의 부연설명이 이해된 듯 다시 활기를 띠기 시작했다.

"이 현상을 E=MC^{2}과 쩹시너지효과 그리고 뇌 인지과학과 연결해서 생각해보도록 하겠습니다. 여기 간단한 영어 훈련 도서가 있습니다. 10분 안에 읽어야 한다고 뇌에게 신호를 주고 빠른 속도로 읽기 시작합니다. 외우지 않아도 그냥 스쳐 가듯 뇌의 속도에 맞추기 위해 눈은 빠르게 단어와 문장들을 사진 찍듯이 지나갑니다. 이 와중에 뇌는 눈이 빠른 속도로 지나가니까 상당히 긴장하면서 기억하려고 하는 메커니즘이 작동하게 됩니다. 근데, 이런 훈련을 하루만 하는 것이 아니라 지속적으로 진행하게 되면 훈련 속도는 점점 빨라지면서도 뇌는 이런 훈련과정을 자동으로 기억하게 되고 훈련 내용까지도 장기기억으로 저장합니다. 이때의 뉴런과 시냅스를 관찰하면 시냅스의 패턴이 일정해지고 두께가 두꺼워져 있음을 관찰할 수 있죠. 그래서 사람마다 몇 번 반복하면 어느 정도 수준에서 입에서 자동으로 나오는지까지 계량화할 수 있을 정도로 정확해집니다."

"아, 그러니까, 우리에게 익숙해지고 무의식적으로 하는 것들은 이미 뉴런과 시냅스 사이에서 패턴이 정해진 것이고 두께가 두꺼워져 있다는 말씀이군요. 제가 술을 먹고 정신 줄을 놓아도 집으로 돌아오는 길을 무의식으로 아는 것처럼 말이죠."

이 코치가 설명하고 나서 창피했는지 얼굴을 붉혔다.

"고주망태가 된 경험을 이렇게 설명할 때 써먹으니 헛된 경험은 아니네."

김 코치의 한 마디에 모두 웃음바다가 되었다.

"좀 이해하기 어려울 수 있지만, 뇌 과학 부분을 좀 더 설명해드릴게요. 사람들이 외국어를 듣고 말할 때 일어나는 현상인데요. 외국어를 이해하는 영역은 베로니카 영역입니다. 외국어를 듣게 되면 이 영역에서 무슨 뜻인지 모국어로 이해하려고 하죠. 모국어로 이해가 되면 무슨 말을 할지 생성하는 영역은 브로카 영역에서 합니다. 그래서 두 영역이 서로 긴밀하지 못하면 영어를 듣고 모국어로 이해하고 이해한 내용을 영어로 다시 말을 하는데 시간차가 발생하게 됩니다. 베로니카 영역과 브로카 영역은 활 모양의 뉴런이라는 섬유 다발로 구성되어 있답니다. 두 영역의 뉴런 간의 전기적 신호가 활발하게 형성되면 영어를 모국어로 인식될 정도로 시간차가 발생하지 않게 됩니다. 이렇게 되면 잠재의식에서 영어를 하게 되죠. 결국, $E=MC^2$과 쩝시너지효과 그리고 메타인지 향상 기술코칭을 하게 되면 베로니카와 브로카 영역이 마치 하나처럼 여겨져서 영어와 모국어의 구분이 사라지게 됩니다. 이런 사람을 우린 이중 언어 사용자라고 하죠. 그러니, 씨앗이 되는 단어와 문장이 두 영역에서 영어와 모국어가 하나의 언어로 여겨지도록 훈련하면 영어는 쉬워지게 됩니다."

두 코치는 영어가 과학이라는 뜻은 더 확실하게 이해하기 시작했다.

05

조상과 유대인의 언어 습득기술
'외우지 않고 큰 소리 리듬 읽기'

Miracle English Coaching

"'영어는 과학이다'라는 주제로 설명을 했는데, 어느 정도 정리가 되나요?"

"듣고 보니 우리가 일상적으로 알고 있고 경험했던 것들이라서 공감이 되면서도 특별할 것이 없다는 생각도 잠깐 들었습니다. 그러니까, 제 말은……."

이 코치가 설명하면서 좀 미안했는지 말끝을 흐렸다.

"당연합니다. 이런 과학적 내용이 특별하다면 그 특별함을 증명해야 하는 어려움이 있었겠죠. 그러나 누구나 이해할 수 있는 원리를 어떻게 영어에 적용하느냐가 중요한 요소가 되겠죠."

"두 코치님이 아직 놓치고 있는 부분이 있습니다. 여기 열거된 공식과 사자성어의 공통점만 생각하셨지만, 이제부터 간과

한 부분을 보도록 합시다. 그 부분이 무엇인지 기억나시나요?"

두 코치는 부드럽게 설명을 이어가기 시작했다.

"음, 뭐였지?"

"아, 맞아요. 외우지 않는다는 점이 다르다고 하셨어요."

김 코치가 유레카를 외치듯 큰 소리로 말했다. 이 코치는 '아차'싶었는지 맞장구를 쳤다.

"역시 우수한 코치님들이 맞네요. 부부는 일심동체니 이 코치님도 알고 있었던 것으로 간주하겠습니다."

폴 코치의 반응에 부부는 마주 보며 웃었다.

"언어를 함에 있어서, 특히 외국어를 하는 데 외우지 않는다는 것은 아주 중요합니다. 이 방식은 저희가 특허를 낸 것도 아니고 우리 조상들과, 특히 유대인들이 대대로 사용해왔던 전통적인 방식입니다. 우리 조상들은 주로 서당 형태의 민간 교육 기관에서 연령, 지위, 수준에 상관없이 한자 교육을 했죠. 책을 사서 볼 만큼 여유가 있는 서민들은 거의 없었기에 한 사람이 읽어주면 큰소리로 따라 읽어야 했습니다. 조상들은 가락과 리듬을 좋아했기에 큰 소리로 따라 읽되, 리듬감을 가지고 읽게 했다고 합니다."

"하늘~~천, 땅~~지, 검을~~현…."

"이런 리듬을 가지고 큰 소리로 읽기 시작했던 겁니다. 유대인도 저희와 비슷했습니다. 스스로 선민으로 여기며 살았던 유대인들은 전 세계를 돌아다니며 살아남아야 했죠. 그들은 아무

리 힘들어도 구약 성경과 탈무드 읽기를 게을리하지 않았습니다. 이들도 우리 조상과 마찬가지로 모두가 책을 가지고 있지 못 했기에, 한 권의 책을 놓고 모이기만 하면 '토라'라는 '모세 5경'과 탈무드를 읽고는 했습니다. 그래서 자연스럽게 일정한 리듬으로 큰 소리로 중얼거리면서 서로 몸을 움직이며 책을 볼 수 있도록 했던 것이 유래가 되었죠."

"세 설명에서 두 민족의 공통점을 발견했을 겁니다. 큰 소리로 리듬 읽기를 했더니 언어를 잘하더라는 겁니다. 다시 말하면, 외우지 않고 큰 소리로 리듬 읽기를 했더니 자연스럽게 언어가 되더라는 말이죠."

"참 신기하네요. 단순히 큰 소리로 리듬 읽기를 했더니 언어가 되었다고 말씀하시는 것이 의구심도 있지만, 실제 그렇게 해서 언어가 된 실재가 있으니 반박할 말도 없고, 이런 방법을 알고 있으면서도 왜 우리는 전통적인 방식을 이어오지 못 했는지 이해가 안 되네요."

"과학적으로 증명할 수 없던 시절, 큰 소리 리듬 읽기는 몸에서 익혀서 암묵적으로 지식화 된 경험의 산물인 셈이죠. 문자를 보고 큰 소리로 읽는다는 것은 문자는 시각적 정보로 전두엽에 전달이 되고 소리는 측두엽으로 정보를 전달하죠. 시각과 청각으로 들어온 정보는 후두엽에 저장되어 출력하는 역할을 담당하죠. 이런 과정을 반복하면 자연스럽게 뉴런과 시냅스는 패턴과 두께를 형성하게 되겠죠. 게다가 큰 소리로 읽기에 리듬을 통해 몸을 움직이거나 율동을 더하면 뇌에 산소를 공급하게 되고 집중력은 더욱 높아지게 됩니다. 세로토닌이라는 물질까지 나와서 편안함을 준다고 하죠. 그러니 조상들과 유대인들은 외우지 않고 큰 소리 리듬 읽기를 과학적으로 증명하진 못했지만, 몸으로 특히 입으로 증명했던 겁니다. 그것이 대대손손 전통적인 방식으로 내려오게 된 셈이죠."

제임스 코치의 설명에 두 코치는 감탄사를 연발하며 우리 조상들이 얼마나 지혜가 있었는지 알게 되었다며 자부심을 느끼기까지 했다.

"유대인은 이 방식을 여전히 잘 계승해서 후손들에게 전해주고 있죠. 그렇지만, 우리나라는 어느 순간 그 맥이 끊어지게 됩니다."

두 코치는 그 원인이 무엇인지 무척 궁금한 눈치였다.

"조선 시대에 외세의 침입으로 급격한 변화가 일어난 시기가 있죠. 을사조약 이후에 조선의 교육은 격동기를 겪게 됩니다. 이 과정에서 서당 방식의 교육은 사라지게 됩니다. 일본은 조선의 어학 실력을 이미 알고 있었습니다. 〈한반도〉 저자인 시노부 준페이는 '조선 사람은 동양에서 가장 뛰어난 어학자로 그 뛰어남은 중국인이나 일본인은 감히 따르지 못할 것이라고 보도되고 있다'라고 기술한 바 있죠. 조선을 지배하는 일본의 입장에서 조선인이 어학을 잘하는 것은 달갑지 않은 상황이었다는 거죠. 이 시기가 바로 우리나라 언어교육의 암흑기라고

할 수 있을 뿐만 아니라 영어가 어렵다는 영어교육의 패러다임을 만들어낸 침체기이기도 하죠."

폴 코치가 일제 강점기의 교육 관련 자료를 보여주며 설명을 이어가고 있었다.

06

영어는
어려운 것이 아니라 쉽다

Miracle English Coaching

"1904년, 외부대신에 이하영이 임명됩니다. 이 인물은 상당히 흥미로운 과거를 가지고 있습니다. 찹쌀떡 장수였다는 사실이죠. 이하영 외부대신이 죽은 다음 날인 1929년 2월 28일에 이 사실이 알려지게 됩니다. 어떻게 찹쌀떡 장수가 한 나라의 외부대신이 될 수 있었을까요? 이하영은 1884년에 우연히 알렌이라는 의료선교사를 만나게 되면서 인생 역전의 삶을 시작하죠. 아무튼, 영어만 잘하면 출세가 보장될 정도로 어학을 중요시했던 조선이 일본의 지배를 받으며 영어는 처참한 신세가 됩니다."

두 코치는 영어 코치 이전에 일본에 의해 한 나라의 교육이 짓밟힌 것이 원통하고 화가 났는지 '이런 나쁜 놈들'을 연발하며 주먹을 쥐며 테이블을 칠 정도였다.

"이제 우리는 사명감을 가질 필요가 있습니다. 단순히 영어를 잘하겠다는 정도의 문제가 아니라는 사실이죠. 당대에 문자를 창제하고 백성들이 표현할 수 있게 만든 나라는 역사적으로도 한 손가락에 꼽을 정도입니다. 일본의 교육 패러다임에 묻혀버린 채 130년의 세월이 우리에게 남겨준 유산은 '영어는 어렵다'라는 패러다임이죠."

"이 패러다임을 깨기 위해 우리가 할 일이 있는 겁니다. '영어는 쉽다'라는 새로운 인식을 심어주는 거죠."

"그 시작이 바로 외우지 않아도 된다는 사실을 인식하셔야 합니다. 우리는 이제까지 영어를 할 때 늘 외운다고 생각했죠. 단어든 문장이든 문법이든, 영어는 외워야 한다는 생각에 사로잡혀 있었단 말이죠. 이제 우리 조상들과 유대인의 학습법을 통해 외우지 않고 큰 소리 리듬 읽기만 해도 가능하다는 것을 정확히 아셨습니다."

"이 인식이 대중화되기까지 함께 할 코치가 정말 많이 필요합니다. 개인적인 사업의 번창을 떠나서 대한민국의 영어 대중화는 우리 국민이 이뤄야 할 국민적 과제이며 숙명이라고 생각하고 있답니다."

제임스 코치는 평소보다 더 힘 있고 분명하게 그리고 확신에 찬 어조로 뜻을 전했다.

One Word / Two Words Speaking

"영어가 쉽다는 인식을 어떻게 가지면 될까요? 쉽다고 말만 한다고 상대방이 인식하는 것은 아니잖아요?"

두 코치도 역사적 사명으로 알고 시작한다는 느낌을 받았는지 구체적으로 질문하는 모습이 진지해 보였다.

"맞습니다. 왜 영어가 쉬운지를 분명히 알고 실제로 느껴야 가능하겠죠. 우선, 영어가 어려운 이유를 하나씩 생각해보고 역발상을 해보자는 거죠. 어때요?"

"좋습니다. 제가 먼저 말할게요. 전 늘 외국인 앞에만 서면 울렁증이 생기는 이유가 무슨 말을 하려고 하면 문장을 어떻게 구성해야 할지 머리가 복잡해지더군요. 그 생각을 하다 보면 그때 꼭 필요한 말을 못 하고 상황과 시간은 이미 지난 상태가 되더라고요. 정말 화가 나요. 뭐가 문제인지."

이 코치의 한탄 섞인 절규였지만, 대한민국 사람이라면 대부분이 겪은 어려움이기도 했다.

"영어가 어려운 아주 좋은 사례를 말씀하셨네요. 보통은 이 것을 문법의 문제로 여기는 경우가 많죠. 더 근본적인 문제는 고정관념입니다. 영어를 완벽한 문장으로 말을 해야 한다는 고정관념 말이죠. 커피 좀 주시겠어요? 라고 질문하면 머리가 복잡해지기 시작하죠. 'May I have some coffee?'라고 표현을 해야 하는데, 생각은 나질 않고 환장하죠. 이 고정관념을 깨보자는 겁니다. 우리나라 말들이 얼마나 짧아졌는지 아시죠?"

"네. 아들 녀석들이 문자 메시지를 주고받는 것을 보면 도대체 이해할 수 없을 정도로 말이 짧아져서 때론 외계인들이 대화하는 것 같은 느낌이 들 정도니까요."

김 코치는 설명하면서 뭔가 느낌이 왔는지 웃음이 나오려고 했다.

"눈치를 채셨군요. 맞아요. 영어도 점점 짧아질 필요가 있겠죠. 'Coffee, please.'라고 하면 의사전달에 문제가 있을까요?"

"전혀 없죠. 그러네요. 'Coffee, please.'라고 하면 느낌이 전달되겠네요."

"보세요. 의사전달의 핵심이 되는 단어와 예의를 갖추고자 하면 'Please'라는 단어를 붙이기만 하면 훌륭한 문장이 되는 겁니다. 예를 들어서 해봅시다. '앉아 주세요.'는 어떻게 표현하면 되겠습니까?"

제임스 코치의 질문에 누구랄 것도 없이 두 코치는 동시에 답했다.

"Sit, please!"

제임스와 폴 코치는 엄지를 치켜세우며 함박웃음을 지었다.

"보세요. 아주 쉽잖아요. 우리가 모국어를 배울 때도 마찬가지였답니다. 아이들이 근사하게 완벽한 문장부터 말을 배웠다면 영어도 그렇게 해야겠죠. 한 단어, 두 단어로 언어를 익혔던 과거를 잊고 있는 건 아닐까요. 아니면 이렇게 영어를 하는 것이 창피하다고 생각할지도 모르죠. 이런 표현들이 자연스럽게 입에서 나오기 시작하면 영어는 쉽다는 생각을 갖기 마련입니다. 그래서 이렇게 훈련하는 과정이 얼마나 중요한지 가슴 깊이 새겨야 합니다. 사람들은 쉬운 것을 하지 않으려고 하는 경향이 있음을 코치들은 염두에 두어야 합니다."

"Okay."

김 코치의 센스 있는 대답에 웃음이 나왔다.

One-day Phonics

"또 영어를 어렵게 여겼던 기억을 떠올려 보면 뭐가 있죠?"

"음, 저는 애들하고 있으면서 느낀 건데요. 애들에게 가장 많이 지적했던 부분이 발음이었던 것 같아요. 애들한테 외국인 원음을 들려주면서 발음을 교정하려고 할 때마다 애들과 싸웠죠. 저는 버터 발음을 잘하라고 다그치고 애들은 엄마도 발음이 안 되면서 우리한테 시킨다고 따지고…. 지금도 생각하면 머리가 아파요."

아이들과 신경전을 치르던 때가 떠오르는지 김 코치는 인상을 찌푸리고 있었다.

"그렇죠. 발음 문제는 늘 약방의 감초처럼 영어가 어렵다고 생각되는 주된 원인이죠. 지금 우리 애들이 모국어를 배울 때,

사투리 쓰시는 분이나 발음이 좀 엉망이신 분이 있으면 대화를 못 하게 하셨나요?"

"그렇지는 않죠."

"애들의 모국어 레벨과 연령에 따라서 별도로 모국어를 가르친 적이 있으신가요?"

"아니요. 누가 그렇게 하나요?"

두 코치는 제임스 코치의 질문에 어이가 없는 듯 웃었다.

"맞습니다. 우리 모국어를 하는데, 어느 누구도 발음에 제한을 받거나 레벨에 따라 수준을 나누거나 하지 않죠. 그런데, 유독 영어는 엄격한 잣대를 들이대는 이유가 뭘까요? 외국어라는 고정관념과 발음이 정확해야 한다는 생각에 사로잡혀 있는 경우가 많죠. 우리 아이들이 처음부터 한국어 발음이 좋던가요? 아마 그렇지 않았을 겁니다."

"그래도, 외국어인데 외국인들이 못 알아들으면 여러 번 말을 해야 하고, 못 알아들었다고 가까이 다가오면 더 겁이 나던데요."

가만히 듣고 있던 이 코치가 한마디 던졌다.

"하하하, 그런 경험들이 많죠. 저도 마찬가지였죠. 한국외대를 나와서 처음 영어 강사를 하던 학원에 외국인이 있었는데, 그 친구랑 대화를 하고 싶어서 말을 붙이면 상당히 불쾌한 듯 도망을 치더군요. 나중에 안 사실인데, 제가 발음을 하면 망치로 머리를 치는 느낌이 들 정도로 듣기가 싫다고 하더군요. 완전 충격을 먹은 적이 있었습니다. 한동안 힘들었죠. 그래서 그 외국인 강사에게 발음을 배워보려고 했는데, 그 친구가 그러더 군요. 어떻게 발음하는지 의식적으로 해본 적이 없다고 하면서 오히려 그런 질문을 하는 저를 이상하게 생각하더군요."

두 코치는 제임스 코치의 실화에 재미를 느꼈는지, 아니면 자신들과 비슷하다는 동병상련을 느꼈는지 모르지만, 어떤 결 말이 나오는지 궁금했다.

"그래서, 3년 반 동안 집중적으로 발음 연구를 합니다. 때아 닌 학구열에 불타서 정신없었던 적이 있었죠. 근데, 알고 나면 아주 허망한 것이 발음이더군요. 저는 발음을 하루 만에 교정 하는 방법을 찾게 됩니다. 아주 놀랍죠?"

"당연하죠. 고생한 보람은 있으시군요. 저희한테도 한 수 가 르쳐 주셔야죠."

"핵심은 보컬 포인트가 어디인지가 중요합니다. 이 보컬 포 인트에 따라서 외국인이 한국인처럼 발음할 수 있고 한국인이 미국인처럼 발음할 수 있다는 사실이죠."

"정말요? 그렇게 간단하단 말이죠? 그럴 리가? 발음 교정한 다고 생고생을 했던 기억이 나는데……."

이 코치는 허망하다는 듯 푸념을 하면서도 발음을 하루 만에 교정할 수 있다는 제임스 코치의 말에 기대감이 생겼다.

제임스 코치는 물을 한 모금을 마시며 잠시 여유를 즐기며, 웃고 있었다.

"코치님들, 긴 시간 너무 열일하시는 느낌이 드네요. 좀 쉬었
다 할까요?"

폴 코치가 웃으며 한 템포 쉬어가자고 운을 떼자, 두 코치는
기다릴 수 없다며 흥분하기 시작했다.

"폴 코치님, 드라마를 너무 많이 보셨군요. 중요한 장면에서
끊으시려고 하다니, 이렇게 하시면 곤란하죠. 이건 드라마가 아
니니 계속 진행하시죠. 화장실 가는 것도 참을 수 있으니까요."

김 코치의 위트 있는 대답에 제임스와 폴 코치는 웃음이 절
로 나왔다.

"한국어는 입술 부분에서 소리를 내지만 영어는 목젖 부분에
서 소리를 냅니다. 한국어 발음은 입술에서 밖으로 나오는 느
낌의 소리라면 영어는 목젖 안으로 들어가는 느낌의 소리라고
할까요. 예를 들면, 'Water, Story book, put that down'과 같은
발음을 할 때 입술 부분에서 발음할 때와 목젖 부분에서 발음
할 때 전혀 다르게 소리가 나는 것을 느낄 수 있죠. 따라 해보
실까요?"

제임스 코치의 지시에 따라 두 코치는 손으로 목젖 부분을
만져보면서 적혀있는 단어와 문장을 소리 내어 읽어보았다. 정
말 신기하다는 생각을 한 두 코치는 주구장창 소리 내어 읽기
시작했다. 얼마나 발음을 교정하고 싶었으면 그럴까 싶을 정도
로 쉬지 않고 발음을 해보고 다른 단어들도 읽어보면서 기쁨이

만개한 표정이었다.

"코치님, 정말 신기합니다. 이렇게 쉽게 영어 발음이 교정된다는 것이 말도 안 된다고 생각하지만 제가 가능한 것을 보니 실재네요. 실재…."

이 코치는 자신의 울렁증이 당장 치유된 듯 환호하고 있었다.

"당장 애들한테 알려주고 싶네요. 이런 방법을 모르고 괜히 애들을 잡고 소리만 치고 있었네요. 저도 못 하면서 말이죠."

김 코치도 너무 신기하고 감사하다며 기뻐서 흥분하기 시작했다.

"코치님, 이게 끝이 아닙니다. 영어가 쉽다는 증거는 더 있죠. 하지만 잊지 마십시오. 영어가 어렵다는 인식이 얼마나 긴 세월을 우리의 발목을 잡고 있었는지, 그렇기 때문에 사람들의 인식은 그렇게 쉽게 바뀌지 않아요. 잊어버린다는 사실입니다. 마치 관성의 법칙처럼 말이죠. 예전에 했던 그대로가 더 편하다는 그런 의식 같은 게 무의식 속에 숨어 있답니다. 우리 코치들은 영어가 쉽다는 여러 증거를 계속 말해야 합니다. 아주 지겨울 정도로 말이죠. 그것이 결실을 볼 때까지 말입니다."

폴 코치의 당부의 말이 여운을 주었다. 그들도 수많은 과정과 방법을 거치면서 영어가 어렵다고만 인식되었다는 사실을 모르는 바가 아니었다. 언제 자신들이 원래대로 돌아갈지 모른다는 생각도 몰려왔다. 우리가 일상과 늘 싸워서 변화를 만들려고 하듯이 영어가 어렵다는 고정관념과 싸워서 변화를 만들어야 한다는 생각, 이 생각이 자리를 잡기 위해 자신 속에 숨겨진 관성의 법칙과 분투하며 전진해야 한다는 사실을 먼저 인식해야 했다.

One-day English

네 사람의 마음 안에서 뜨거운 열정이 용광로처럼 흘러넘쳤다. 그 용광로는 서로를 한마음으로 묶어주는 통로를 만들어주었다. 영어를 통해 두 코치는 자신의 삶을 뒤돌아보는 시간을 갖는 느낌이 들었다. 영어는 '어렵다'는 거짓이 '쉽다'는 진실을 외면하도록 끌고 왔다는 것이 두 코치는 자신들의 삶의 모습과 동일하다는 생각이 들어서 숙연한 마음이 들었다.

이 코치는 직장에서 승진이 남들에게 과시하기 위한 것이었고 자신의 능력을 드러내고 싶은 욕망이 마음 한구석에 자리 잡고 있으면서도 겉으론 열정과 최선을 다하는 모습으로 포장되어 있었음을 인정할 수밖에 없었다. 김 코치는 자녀들이 다른 아이들보다 공부도 잘하고 뭐든 능력이 있는 사람으로 자라기를 바라는 마음속에 늘 자리 잡고 있는 대리만족이 있었다. 아이들이 잘나면 자신의 마음에서도 자랑거리가 생기고 남들한테 자식 자랑을 할 수 있는 기회를 붙잡을 수 있을 거라는 자신만의 기대와 희망이랄까?

두 코치는 서로를 바라보는 마음도 진실과 거짓이 있었음을 느낄 수 있었다. 남편인 영한은 늘 아내를 보며 겉으론 착하고 내조를 잘하는 것으로 말했지만, 실상은 자신의 어려움을 적극적으로 도와주고 직장도 다니면서 돈을 벌었으면 하는 바람이 있었다. 아내인 소심도 남편을 보며 '대기만성'형이라며 격려하는 척은 했지만, 실은 끈기도 없고, 실패하면 어쩌지 하는 두려움을 가지고 사는 것 같아 짜증이 나는 경우가 많았다. 이 모든 것들이 겉과 속이 다른 삶, 사실과 거짓이 뒤엉켜있는 삶이었다는 생각이 들었다. 두 사람은 영어를 통해 자신의 삶을 보게 되었음에 감사한 마음을 갖게 되었다.

"두 분은 무슨 생각들을 그렇게 골똘히 하시나요?"

제임스 코치의 한 마디에 다시 현실로 돌아온 듯 정신이 번뜩 들었다.

"아닙니다. 영어가 저희 삶을 돌아보게 하는 것 같아서 반성이 되네요. 정신이 새롭게 개조되는 느낌입니다."

"뭐가 되었든, 도움이 되신다는 말로 이해하겠습니다. 본론으로 돌아와서, 또 영어가 어렵다고 인식하게 하는 고정관념이 있을까요?"

"이건 또 제 상황과 연결이 되는데요. ……. 영어를 수년간, 아니 수십 년을 하고 있는데 아직도 안 된다는 생각이 듭니다. 도대체 얼마나 긴 세월을 해야 하는가 하는 생각이 있어요."

이 코치는 늘 괴롭혔던 영어의 아픔을 이야기했다.

"그렇죠. 영어가 언제부턴가 평생교육으로 인식되었는지 알 길이 없죠. 분명한 것은 평생교육이라는 틀 안에서 어찌할 바를 모르고 있다는 것이죠. 이런 고정관념에 '영어는 하루면 충분하다'라고 말하면 사람들은 뭐라고 할까요?"

제임스 코치의 질문에 두 코치는 잠시 생각을 해봤다.

"요즘 말로 하면 뻥치지 말라고 하지 않을까 싶습니다. 평생을 했던 영어를 하루 만에 한다고 하면 누가 봐도 거짓말이라고 생각할 것 같습니다."

김 코치의 딱 부러지는 말에 이 코치도 고개를 끄덕였다.

"그럼, 다시 말을 해보도록 하겠습니다. 영어를 배우는 것은 하루면 된다고 하면 어떤 느낌이 드나요?"

폴 코치의 질문에 두 코치는 다시 생각에 잠겼다.

"배우는 것은 하루면 된다는 의미는 아까보단 거짓이 아닐 거라는 생각이 듭니다만, 여전히 과연 그것이 가능할까 하는 의문은 남네요."

이번엔 이 코치가 한마디 거들었다.

"다행입니다. 뻥에서 의문으로 바뀐 것만도 감사하군요. 우리는 배운다는 것을 잘 이해해야 할 필요가 있습니다. 쉽게 말씀드리면 어떻게 영어를 훈련하는지 아는 것은 하루면 충분하다는 말이죠."

제임스 코치의 말을 듣고 두 코치가 뭔가 반박을 하려고 하자 부가 설명을 하기 시작했다.

07

영어는 배우는 것이 아니라 익히는 것이다

Miracle English Coaching

"어릴 때 자전거를 타 본 적이 있죠. 저도 자전거를 배운 적이 있는데요. 타는 요령은 1~2분 만에 설명이 끝나더라고요. 친구 놈이 손으로 핸들을 잡고 발로 페달을 밟으면 된다고 하더군요. 그러면서 친구가 뒤에서 잡고 있을 거니까 걱정하지 말고 앞으로 가보라고 했습니다. 여기까지가 제가 자전거를 타기 위해 배운 지식의 전부였습니다. 물론 누군가는 이보다 더 친절하게 설명을 하기도 하겠지만, 큰 차이는 없을 것 같습니다."

"맞나요?"

제임스 코치의 질문에 두 코치는 대답으로 맞장구를 쳤다.

"여기서 중요한 사실 한 가지를 이해하실 필요가 있습니다. 어려운 개념일 수도 있지만, 꼭 알아두셔야 합니다. 우리가 알

고 있는 많은 지식과 정보가 어떤 형태로 습득이 되는지 이해해야 합니다. 명시적 지식(explicit knowledge)과 암묵적 지식(tacit knowledge)이라는 뜻을 알아둘 필요가 있습니다. 명시적 지식은 문자를 통해 문서의 형태를 갖춘 지식이며, 암묵적 지식은 학습과 체험을 통해 개인에게 습득돼 있지만 겉으론 드러나지 않는 상태의 지식을 말하죠."

"언어는 명시적 지식이 아닌 암묵적 지식을 통해 씨앗이 되는 단어와 문장이 형성된다는 사실을 분명히 알고 있어야 합니다. 아이들이 언어를 익히는 것을 보면 쉽게 이해가 될 겁니다. 아이들이 태어나기 전에 이미 세상이나 사회는 약속한 문자들이 있었죠. 그 문자를 알지도 못하지만, 아이들은 말을 자연스럽게 익히게 됩니다. 말을 익힌 후에 문자를 알아가면서 명시적 지식을 통해 말과 글에 대한 이해를 높여가죠."

폴 코치의 설명에 풀리지 않던 실타래가 풀리는 느낌이 들었는지 질문을 하기 시작했다.

"그럼, 어른인 저희도 아이들처럼 말을 먼저 익혀야 한다는 말인가요?"

두 코치가 동시에 질문을 했다.

"역시, 두 분은 똑똑한 코치가 될 것 같습니다. 맞아요. 어른들도 영어를 배울 때 암묵적 지식으로 먼저 씨앗이 되는 단어와 문장을 익힌 후에 명시적 지식을 활용해 확장하면 아주 쉽게 영어를 할 수 있었을 것을 명시적 지식으로 영어를 해보려고 하니 얼마나 많은 단어와 문장 그리고 문법을 외워야 가능한지 가늠하기가 어려웠죠. 문자보다 말이 먼저라는 평범한 사실을 잊어버리고 살았던 겁니다."

제임스 코치의 정리 멘트에 두 코치는 무릎을 치며 깨달음을 얻은 표정이었다.

"그러면 그렇지. 모국어가 24시간 들려서 모국어가 쉬운 게 아니고 어떤 언어든 간에 암묵적 지식으로 씨앗이 되는 단어와 문장을 익히면 다 가능했다는 사실이군요.

두 코치는 마침내 뭔가 해답을 얻은 기분이었다. 단지 영어에 대한 해답이었을 뿐인데, 마치 인생의 문제를 해결한 듯 기쁨이 넘쳤다.

"이제야 자전거 탈 때 배운 지식이 많이 필요 없다는 것과 바로 체험을 통해 몸으로 익혔다는 말의 의미를 알 것 같아요. 그러니까 당연히 영어를 할 때도 배우는 것은 하루면 충분하다는 말도 확 와닿네요. 나머지는 체득하고 익히는 부분에 훈련을 하기만 하면 끝이라는 말이잖아요."

두 코치는 갑자기 일어나서 춤을 추듯이 기뻤다. 영어의 한(恨)을 해결할 길이 열렸다는 생각에 기쁨의 눈물을 흘렸다.

"마음은 이해가 됩니다만, 아직 갈 길이 남았습니다."

"네, 알아요. 근데 너무 감사함이 있네요. 그간 '영어는 어렵다'라는 거짓에 속고 살아온 세월이 원통하고 화도 났지만, 그 고통의 시간 속에서 늘 길이 있기를 기도했던 마음을 하나님께서 들어주신 것 같아서 감사와 기쁨이 넘칩니다."

김 코치는 자신도 모르게 간증 아닌 간증을 하게 되었다.

"저는 종교는 없지만, 우리 부부의 어려움을 해결해주신 것 같아서 감사합니다."

이 코치도 슬쩍 한마디 거들었다.

"그래서, 정리해보면 '언어는 배우는 것이 아니라 익히는 것이다'라는 말은 언어를 훈련하는 법을 배우는 것은 하루면 충분하고 나머지는 익히는 것이라는 사실입니다. '영어는 어려운 것이 아니라 쉽다'라는 말 속에 숨겨진 몇 가지 진실을 살펴봤습니다."

"어렵게 느꼈던 모든 것들이 'One Word/Two Words Speaking', 'One-day Phonics', 'One-day English', 'Speak loudly with Rhythm without memory'의 내용을 가지고 영어는 쉽다는 인식의 전환을 만들었습니다."

"이것이 코칭에서 가장 필요한 변화입니다. 피코치자의 생각을 스스로 바꿀 수 있도록 도와야 할 파트너가 바로 코치입니다."

제임스와 폴 코치의 설명을 들은 두 코치는 점심때가 지났어도 시간 가는 줄 모르고 경청하고 있었다.

"오늘은 여기까지 하시죠. 다음 시간에 이어서 진행하도록 하면 어떨까요?"

"네, 좋습니다. 저희에게 엄청난 변화를 심어주셨습니다. 영어를 넘어 삶의 변화까지 주셨으니 식사 대접을 하고 싶습니다."

"감사한 마음으로 식사를 사 준다면 저희도 싫을 이유가 없죠."

식당을 향해 떠나는 두 코치의 발걸음은 정말 가벼웠다. 인생의 문제를 해결한 사람들처럼 말이다.

08

영어는 Teaching 아닌 Coaching이다

Miracle English Coaching

한 번의 진한 코칭 후에, 여운은 한동안 지속되었다. 두 코치는 서로 더 많은 대화를 하기 시작했다. '자신들에 대해서, 자녀들에 대해서, 영어 코칭에 대해서' 이런 대화 자체가 두 코치에게는 기적이었다. 대화하자고 시작한 것이 말다툼이 되어 있는 게 현실이었던 그들이 서로를 진심을 알아가면서 자신만 바라보던 시선이 상대의 마음을 이해하려는 쪽으로 변한 것이다.

"여보, 우리가 이렇게 서로에게 솔직한 적이 언제였죠?"

"그러게, 결혼 1년까지는 나름대로 당신을 먼저 생각했던 기억이 나긴 하는데……."

"긴 세월을 뭘 보며 살았는지 모르겠네요. 뭔가 분주하고 열심히는 살았는데, 남아 있는 게 없는 느낌만 드니 말예요."

"근데, 이번 코칭을 받으면서 코치라는 말이 갖은 의미를 알고 싶더군요. 당신은 어때요?"

"그래, 맞아. 우리가 코치라고 하는데 코치가 정확하게 뭔지, 영어코치는 뭐가 다른지 아직 정리가 안 된 것 같다는 생각이 드네."

"이번에 가면 꼭 알아봅시다."

두 사람은 흐뭇했다. 서로가 이렇게 즐겁게 대화하고 배려하는 모습이 꿈만 같았다. 코칭이라는 것이 뭔지는 모르지만, 분명 사람을 변하게 만드는 마약과도 같은 것이라는 생각에 흥분을 감출 수 없었다.

다음날

One-day Coaching Center에는 어른과 아이 할 것 없이 분주해 보였다. 각 강의실에도 어른들이 뭔가를 중얼거리는 모습들과 아이들이 손을 흔들며 즐겁게 무슨 말을 하고 있었다. 두 코치가 원장실로 가는 중에 할아버지께서 옆을 지나가며 "Good morning."하며 활짝 웃으며 인사를 건넸다.

"아! 네, 반갑습니다."

얼떨결에 인사를 하면서 영어로 했으면 하는 바람이 있었지만 상황은 이미 종료된 다음이었다.

"잘 지내셨죠? 오늘도 시작해볼까요?"

"네. 근데, 한 가지 질문이 있습니다. 코치에 대한 정확한 의

미와 영어코치와는 어떤 차이가 있는지 알고 싶어졌어요."

"오늘 주제를 어떻게 미리 아셨죠? 완전 대박이군요. 같은 생각을 할 정도면 이미 두 분은 코치가 되셨네요."

"그렇게 말씀하시니 진짜 코치가 된 기분이네요."

두 코치는 즐거운 듯 함박웃음을 지었다.

코치의 3대 철학

"우선 우리는 선생님과 코치의 차이를 알 필요가 있죠. 선생님은 보통 피학습자에게 뭔가를 자신의 전문지식을 가르쳐주는 것으로 알고 있습니다. 물론 코치는 아직 정확히 모르지만요."

김 코치가 자신의 생각을 자유스럽게 말했다.

"예전의 김 소심이라면 있을 수 없는 일이지요. 정확하게 말하자면, 교사의 존칭이 선생이라는 표현인데, 지금은 국어시간이 아니니 통상적으로 가르친다는 개념으로 선생님의 범위를 정하도록 하죠. 가르친다는 것은 누군가가 가지고 있는 지식을 배우고자 하는 사람에게 이해하기 쉽게 전달해주는 것이라 생각하면 쉬울 듯합니다. 반면에 코치는 자신이 그 분야에 지식을 가지고 있지만, 직접 가르치기 보단 피코치자가 스스로 알아갈 수 있도록 그때그때 영감을 주는 사람이라고 생각하시면 됩니다."

폴 코치의 설명에 두 코치는 고개를 갸우뚱하며 질문거리를 찾기 시작했다.

"영감을 준다는 말이 어려울 수 있죠. 코치는 그 사람이 문제를 해결할 수 있도록 도와주는 입장이죠. 코치는 절대적으로 철학을 가지고 있어야만 가능한 역할입니다."

"코치의 철하이 궁금하군요."

"코치는 3가지 핵심철학을 가지고 있답니다."

"첫 번째는 모든 사람은 무한한 가능성을 가지고 있다는 사실입니다."

"자신에게 '무한한 가능성'이 숨어 있다는 것을 발견할 수 있게 돕는 것이 결코 쉬운 일이 아닙니다. 왜냐하면 세상 안에서 자신의 과거가 가져다 준 온갖 실패와 안 좋은 경험들이 온통 그 사람을 에워싸고 있기 때문이죠. 그건 결국 미래를 좀 먹게 만들죠. 마치 누군가에게 조정 당하는 삶이랄까요? 세상 시스템에서 벗어난 사람들을 종종 보게 될 겁니다. 어떤 면에서는 그것이 상당히 어렵다고 느끼지만, 신이 인간을 어떤 존재로 창조했는지 안다면 세상시스템은 아무것도 아니라는 것을 알게 되죠. 신은 인간을 무한한 가능성을 가진 존재로 만드셨죠. 왜냐고요? 자신과 함께 서로 사랑하며 이 세상을 다스리고 싶은 존재로 만드셨기에 무한한 가능성을 이미 심어놓으신 겁니다. 신의 마음을 정확히 알게 되면 가능성은 폭발하게 되겠죠."

"코치라는 것이 종교적인 느낌이 드는군요."

이 코치는 좀 당황한 듯 어색했다.

"종교를 떠나서 인간이 인간을 표현할 때도 만물의 영장이라고 말하죠. 인간을 연구할수록 신묘막측 할 따름이죠. 인체의 신비를 봐도 그렇고, 이 지구가 인간이 살아갈 수 있도록 조성된 것도 그렇고, 우리 주변이나 자연 그리고 인간의 내면을 들여다보면 놀라움의 연속이니까요."

제임스 코치의 설명에 조금씩 이해가 되는 분위기였다.

"이제 시작일 뿐입니다. 인간의 무한한 가능성은 자신의 자아에서 벗어나야 더 깊이 이해가 될 겁니다. 인간에게 무한한 가능성이 있다는 사실이 인식되면 모든 문제의 해결은 그 사람 안에 있다는 것을 자연스럽게 알게 됩니다. 이것이 코치의 두 번째 철학입니다. 다시 말씀드리면, 가능성을 발견하면 그 가능성으로 자신의 문제를 해결할 힘을 찾게 됩니다. 지극히 자연스러운 과정이죠."

"세 번째는 무한한 가능성을 인지하고 자신의 문제를 발견하고 해결책을 찾은 과정에서 함께할 파트너가 필요하다는 사실을 알게 됩니다. 물론 상위 1~2%안에 있는 사람들은 파트너 없이도 스스로 셀프 코칭을 하는 사람도 있지만, 통상적으로 사람은 자신의 문제를 도와줄 파트너를 필요로 합니다. 마치 신이 인간과 서로 사랑하기 위해 파트너로 인간이 돌아오기를 기다리듯이 사람도 자신의 가능성과 문제해결을 위해 함께

할 파트너를 기다립니다. 큰 틀에서 우리가 세상을 혼자 살 수 없다는 맥락과 연결 지어 보면 쉽게 이해가 될 것입니다."

폴 코치가 설명하는 동안 두 코치는 서로를 생각해봤다. 서로 사랑할 때는 서로에게 의지하면서도 기쁘고 즐거웠는데, 인생의 파트너로 생각하지 않고 서로에 대한 이해와 사랑이 없을 때 얼마나 독립적이고 혼자 일을 처리하려고 했는지 경험적으로 일고 있었음을 새삼 깨닫게 되있다.

"왠지 거부할 수 없는 느낌이 듭니다. 코치의 의미를 몰랐지만, 사랑하고 부부가 되고 인생의 파트너로 살면서 이미 그런 삶을 살고 있었다는 생각이 듭니다. 저희 부부가 서로 사랑할 때는 서로가 진정한 인생의 코치였다는 생각이 드네요."

이 코치의 진심 어린 마음이 전해졌을까? 김 코치도 마음의 문이 더 열렸는지 눈가의 촉촉한 눈방울을 글썽이며 말을 이었다.

"우리 자녀들이 왜 우리와 문제가 생겼는지 코치의 3대 철학을 들으면서 반성을 하게 됩니다. 제가 자녀들의 무한한 가능성을 인정해준 적이 없었고, 학교 성적이 안 좋으면 학원이든 과외든 수단과 방법을 가리지 않고 돈으로 해결하려고 했죠. 자녀 스스로 자신의 마음과 상황을 생각해보고 문제를 해결할 수 있도록 이끌어 주지 못했다는 생각이 드네요. 애들은 자신을 믿어주고 사랑해주는 부모를 원했던 것이지 세상에서 출세하면 부모한테 감사한 마음을 갖게 될 거라며 몰아붙이는 학부모를 원치 않았다는 사실을 좀 알 것 같습니다."

　김 코치는 자신이 자녀에게 무슨 짓을 했는지 알았다는 듯 후회의 눈물을 흘리고 있었다. 잠시 두 코치는 자신들의 마음을 주고받으며 사랑이 회복되는 시간을 가질 수 있었다.

　우리는 이 세상을 살며 어쩔 수 없는 세상의 알람에 짓눌러 살고 있는지도 모른다. 자신이 주인인 줄 알지만 내면의 누군가로부터 지배를 받으며 그의 명령에 꼼짝없이 복종하고 있으면서도 그런 자신을 인식하지 못한다. 인간을 사랑의 짝으로 지으신 신께 경배하며 자신을 낮출 때 무한한 가능성을 발휘할 수 있다. 이 사실을 진짜 모르기에 자신을 높이고 교만한 삶 속에서 바벨탑을 쌓고 있다면, 신은 인간이 즉시 멈추고 자신을 비울 수 있기를 간절히 바라는지도 모른다. 그것만이 세상의 알람에서 벗어나 온전히 자신을 바라볼 수 있기 때문이다.

영어를 Coaching 한다는 것

　"자, 이제 코치의 철학을 이해하셨으니 좀 더 깊이 생각해봅시다. 영어코칭이 갖는 의미는 두 가지입니다."

　"하나는 영어를 끊임없이 할 수 있도록 내적동기를 만들어 주는 것이죠. 내적동기를 만드는 코칭의 핵심요소는 변화. 도전. 지속입니다. 영어가 '어렵다'에서 '쉽다'로 바꾸는 것이 내적

동기 코칭의 시작인 변화 부분이었다면 '쉽다'는 인식은 훈련을 시도하게 만들죠. 이런 도전의식을 끊임없이 이어갈 수 있도록 돕는 과정이 지속이죠. 결국 변화 속에 변화가 느껴져야 하고 도전 속에 변화를 추구해야 하며 지속 속에 변화와 도전을 품고 있어야 합니다."

"3단계 코칭 과정은 구분된 것 같지만 하나이고 하나인 것 같지만 구분된 흐름을 가지고 있기도 합니다. 왜냐하면 코칭 과정에서 발생하는 결과가 있고 결과를 통해 우리의 생각, 감정, 의지는 변하기 때문이죠. 굉장히 흥미로운 부분이 내적동기를 자극하는 코칭임에는 분명하지만, 흐름과 방향을 놓치면 엉망이 되기도 하는 것이 바로 내적동기 코칭입니다."

"두 번째는 영어훈련 기술을 익히도록 도와주는 기술코칭 부분입니다. 영어를 익히기 위해 필요한 절대적 기술이 있습니다. 자동차를 운전하더라도 기본적인 기술을 익혀야 한다는 사실쯤은 누구나 알듯이 영어에서도 이 절대적 기술을 익히지 않으면 씨앗이 되는 단어와 문장이 언어적 사고 장치로 자리 잡기란 요원해집니다."

"영어코치는 바로 이 두 가지 측면에서 코칭이 이뤄져야 한다는 목적성을 가지고 있다고 보시면 됩니다."

제임스 코치는 두 코치의 눈빛을 바라보며 한 땀 한 땀 정확하게 설명을 해주었다.

"뭔가 막중한 사명감이 느껴지네요. 영어에 대한 내적동기와 기술을 코칭 하는 사람이 된다는 것이 상당히 크게 다가옵니다. 세상 모든 사람이 결국 자신을 움직일 내적동기를 만들어 내지 못해서 세상에서도 진정한 성공을 못 하는 것이라고 생각이 듭니다."

두 코치는 거의 동시에 한 목소리로 말을 했다.

"결국, 자신을 잘 아는 사람이 다른 사람을 코칭 할 수 있을 겁니다. 복잡하고 어려운 느낌이 들지도 모르지만, 사람의 생각의 구조를 정확히 파악하면 그 안에서 일어나는 감정과 의지를 미리 감지할 수 있게 되기에 코칭이 쉬워집니다."

폴 코치가 부연설명이 이어지고 두 코치들은 자신감이 느껴졌다. 자신의 모습을 잘 관찰하면 코치의 길은 쉽게 열린다는 사실이 신기하고 신비롭기까지 했다.

09

영어는 공부가 아닌 기술이다

Miracle English Coaching

두 코치는 전문가가 아니기에 누군가를 코칭 한다는 것이 상당한 부담이었다. 특히 자신들이 늘 실패한 영어를 코칭 한다는 것 자체가 어불성설이라고 여기기까지 했으니 말이다. 하지만, 두 코치는 자신들의 마음에서 일어나는 작은 변화를 감지하기 시작했다. 코치는 상대방의 가능성을 인정해주고 스스로 문제를 해결할 수 있도록 격려하고 코칭을 포기하지 않고 늘 함께 그 길을 동행해준다면 대부분 문제가 해결될 수 있음을 보게 된 것이다. 보이지 않는 어떤 믿음이 실재가 된 느낌이랄까? 한 번도 가본 적이 없는 코치의 길이지만, 늘 코치가 될 수 있는 삶의 여정을 가지고 있었기에 낯선 길이 아니라는 확신도 자리 잡기 시작했다.

제임스 코치는 화이트보드에 '영어는 공부다?'라는 문구를 적으며 눈짓으로 이 표현이 맞는지 묻는 듯 두 코치를 쳐다보았다.

"영어가 공부라면 저희한테 이런 설명을 하실 필요가 없겠죠. 또 공부라면 저랑은 거리가 먼 이야기고요."

김 코치는 웃으며 공부는 자신과 친하지 않았음을 에둘러 표현한 것이다.

"영어가 공부가 된 시점은 꽤 오랜 세월로 거슬러 올라가야 합니다. 시험 성적, 대학 입시, 취업, 승진 시스템 안에 영어가 자리 잡고 있어서 그렇습니다. 이 코치님이 지금까지 고생한 것도 직장 안에서 승진이나 입지 때문에 그런 거고, 우리 자녀들에게 영어성적 때문에 김 코치님이 압박을 받는 거죠. 좋은 대학을 가야 하니까요. 맞죠?"

"맞습니다. 부인할 수 없는 상황이죠."

두 코치는 쿨하게 인정했다.

"영어가 공부가 아닌 기술이라는 관념을 갖도록 도와야 합니다. 공부는 계속 뭔가를 배워야 하는 느낌을 줍니다. 배움에는 끝이 없죠. 그래서 영어를 공부한 사람들은 각자가 생각하는 시점에 끝을 내버리고 맙니다. 대부분은 대학 졸업과 동시에 다시는 영어를 쳐다보고 싶지 않다고 하죠. 하지만, 기술은 배우기보단 익힌다는 의미가 강합니다. 기술을 어떻게 익히는지 배우는 것은 오랜 시간이 걸리지 않죠."

"이제 우리는 영어 공부 패러다임의 틀을 바꾸고자 합니다."

"영어 공부는 이제 99%의 '學'과 1%의 '習'이라는 '學' 중심의 관념을 1%의 '學'과 99%의 '習'이라는 '習' 중심의 익힘의 관념으로 바꿔야 합니다. 1과 99의 대상이 180도 뒤집히는 일이 일어나는 것입니다. 영어가 '배움'에서 '기술'로 전환되는 순간 영어는 그야말로 우리에게 실재가 되는 것입니다."

"생활의 달인들을 보시면 눈 감고도 사신이 늘 해왔던 작업이나 공정을 해내는 모습을 본 적이 많죠. 기술은 익혀지면 능숙함의 문제지 어떤 지식이나 정보를 알고 모르고의 문제가 아니죠. 영어를 한다는 것은 영어가 기술이 된 사람들이 자신의 목적이나 상황에 따라 기술을 확대 적용하는 부분일 뿐입니다. 한국어를 잘하는 사람이 한국어능력시험을 보는 것이 외국인보다 수월하다는 거죠. 마찬가지로 영어를 잘하면 영어 관련 시험을 보는 것이 훨씬 쉬워진다는 것입니다."

"영어를 잘하는 것의 핵심은 익힘의 문제인 것입니다. 익힘의 과정을 거쳐 어느 수준이 되면 배움의 단계를 추구하게 됩니다. 그러나 이 순서가 반대가 되면 평생 배움의 길에서 벗어나지 못하죠."

제임스, 폴 코치의 연이은 설명에 두 코치는 실시간으로 팍팍 이해가 되니 신이 났다.

"공부하면서도 반복이라는 과정을 통해서 뭔가 익히는 과정이 있지 않나요?"

이 코치는 에빙하우스 망각곡선 설명이 생각이 났는지 얼른 질문했다.

"그렇죠. 반복이 익힘으로 가는 과정임에는 분명하죠. 단, 공부에서 말하는 반복은 암기를 기반으로 하고 있다는 차이를 가지고 있죠. 암기는 뇌가 가장 싫어하는 일 중에 하나죠. 자신이 좋아하거나 관심 분야를 공부하고 있을 때 뇌는 절대로 외우는 느낌을 갖지 않아요. 오히려 즐거움을 느끼죠. 이상하죠?"

"우리가 말을 하는 것도 공부해서 말을 한다고 하면 외울 것이 한두 가지가 아닐 겁니다. 말을 하든 자전거를 타든 운전을 하든 설거지를 하든 익혀진 것들은 다른 생각을 하고 있으면서도 자동으로 하고 있더라는 거죠. 그래서 익혀진 것은 의식 너머에 있는 무의식의 활동과 연관이 깊죠. 옛말에도 '생각 좀 하고 말을 하라'는 금언이 있을 정도로 말은 무의식적으로 나오기 마련입니다. 영어는 언어이기 때문에 공부로 하는 것이 아니라 기술로 한다는 말이 이해되는지요?"

제임스와 폴 코치는 입에 모터를 달았는지 청산유수처럼 말이 절로 나왔다. 언어는 절대로 외워서 하는 것이 아니라는 사실을 입증이라도 할 모양새였다.

"영어는 '공부가 아닌 기술이다'라는 것이 참임을 인정합니다."

두 코치는 마치 중인석에서 성서에 손을 얹고 선서하듯 엄숙하면서도 확신에 찬 목소리로 말을 했다.

"기술은 익힘으로 인한 성숙함을 만들어갑니다. 우리가 말하는 언어의 기술은 생명의 성숙을 포함합니다. 같은 소나무가 있어도 어린 소나무가 있고 중간 소나무가 있고 아름드리 소나무가 있죠. 모두 같은 소나무들입니다. 어린 소나무도 자신만의 생명의 구조가 있죠. 생명이 자라게 하는 외부 요소들이 있지만, 스스로 뿌리에서 흡수한 수분과 양분을 물관과 체관을 통해 나무 전체에 순환시키듯이 영어에서도 훈련의 구성요소와 입력과 출력이라는 순환 고리를 통해 영어라는 어린나무가 아름드리나무가 되도록 하는 것, 이것이 생명의 기술입니다."

"기술이라고 하면 사람들은 스킬을 생각하곤 하죠. 성적이나 점수 잘 나오게 하는 스킬을 기술이라고 오해하기도 할 겁니다. 저희는 언어의 원천기술을 말하고 있다는 것이 큰 차이죠. 영어를 통해 언어를 할 수 있는 원천기술을 익히게 된다니 설레지 않나요?"

두 코치는 생명과 기술이 어울릴 것 같지 않았는데, 언어의 본질을 생각해보니 정확히 일치한다는 생각이 들었다. 누군가가 말에 온도가 있다고 했던 것처럼 언어에는 생명이 있다. 어떤 표현을 사용하느냐의 문제를 말하는 것이 아니라 언어를 왜 하느냐는 본질을 느낄 수 있는 시간이었다. '언어는 생명을 탄생시키는 완벽한 기술'인 것을 말이다.

두 코치는 영어코치 과정을 통해 언어에 대한 인식을 새롭게 하게 되는 듯했다. 생명과 기술이 어울릴 것 같지 않았는데, 누군가 말에는 온도가 있다고 했던 것처럼 언어에는 생명이 있다는 생각이 들었다. 어떤 표현을 사용하느냐의 문제를 말하는 것이 아니라 언어를 왜 하느냐는 본질을 느낄 수 있었기 때문이다. '언어의 원천기술'이라는 말에서 묘한 생명의 신비감마저 느껴졌다. '언어는 생명을 탄생시키는 완벽한 기술'이란 믿음이 와버린 것 같았다.

3장

Challenge

도전

도전한다는 것은
도저히 아무것도 할 수 없음을 시인하고
전적으로 자신을 버린 채 변화라는
가볍고 밝은 에너지에 이끌러 순응하는 것이다.

01

자기만의 도전의
의미를 발견하자

Miracle English Coaching

두 코치는 집으로 돌아오는 길에 자신들에게 일어난 변화를 생각해보았다. 영어가 더 이상 어려움과 두려움의 대상이 아니었다. 영어는 쉬운 것이며 사랑을 표현하기 위한 생명의 기술이라는 것이다. 같은 대상 다른 느낌이랄까, 이제는 자신들의 자녀들과 참으로 사랑을 표현할 자신이 생겼다는 것!

두 아이가 TV를 켜놓고 핸드폰으로 게임을 하느라 부모가 집에 들어오는 것조차 모른 채 열중하고 있었다. 이런 아이들의 모습을 보고도 아무런 화가 나질 않았다. 예전 같았으면 걸쭉한 욕설과 육탄전을 방불케 하는 광경이 연출되고도 남았으련만, 오히려 무엇인가에 빼앗겨 있는 마음 안에 공허함이 보여서 안쓰러웠다.

"얘들아, 저녁은 먹고 노는 거니?"

엄마 목소리에 소스라치게 놀란 광혁과 승국은 하던 게임을 멈추고 방으로 도망치려고 소파를 파도타기 하다가 소파와 함께 넘어지고 말았다. 아픔은 오간 데 없고 넘어진 쪽팔림과 못된 짓을 하다 걸린 사람이 도망치기 바쁜 모습이었다.

"얘들아, 조심히 도망쳐!"

아빠의 목소리에 아이들이 자신의 귀를 의심한 듯 다시 아빠의 얼굴을 쳐다봤다.

"하던 게임은 마저 하고 같이 저녁 먹었으면 하는데, 어때?"

광혁과 승국의 귀를 의심하게 하는 놀라움의 연속이었다. 아이들은 지금까지 살아오면서 이런 감미로운 목소리와 표현은 머리털 나고 처음처럼 느껴졌다. 귀를 의심한 채 부드러운 모습으로 서 있는 부모님을 보며 눈을 비볐다. 속으면 안 된다는 마음으로 형인 광혁이가 승국이를 쳐다보면서 부모에게 한 마디 던졌다.

"오늘은 어떤 이상한 사람하고 상담을 하고 왔기에, 작전을 변경하셨나요? 그냥 하던 대로 하시지. 안 듣던 말들이라 속이 매스껍네요."

헛구역질 시늉을 하자, 동생인 승국이도 따라 했다.

"조금만 기다리렴. 30분이면 밥을 먹을 수 있을 거야. 그때까지 자유롭게 시간 보내다 내려오거라."

아빠의 부드러운 목소리는 여전히 어색했다.

두 코치는 서로를 보며 기쁨과 웃음이 나왔다. 자신들도 아이들에게 이렇게 표현할 수 있다는 사실에 놀랐으니 말이다. 서로에게 고마움을 느끼며 부부는 저녁 준비를 함께 시작했다. 아이들은 몰래 아빠, 엄마의 모습을 지켜보고 있었다. 이런 이상한 상황을 이해해보려고 노력하는 중이었다.

"형, 엄마랑 아빠가 좀 이상하지? 약 먹고 저렇게 되기도 하나?"

"몰라, 차라리 약이라면 다행이지만……. 잠깐의 쇼라면 조심해야지."

"그런가?"

아이들은 부모의 말이나 행동을 예의주시하고 있었다.

학부모가 아닌 부모

평소보다 아이들이 좋아하는 반찬을 많이 준비하자, 배가 고팠던 광혁과 승국은 말이 필요 없었다. 모든 경계와 허리띠를 풀고 눈과 손이 동서를 가리지 않고 쓰나미처럼 지나갔다. 두 코치는 아이들의 먹는 모습을 보며 즐거워했다. 이런 마음의 여유를 갖게 된 것이 언젠가 싶을 정도였다. 웃으며 쳐다보는 부모를 보며 아이들도 마음을 편하게 갖게 되었다.

"광혁아, 승국아, 그동안 엄마가 너희들의 마음을 이해하지 못한 채 공부 잘해서 좋은 학교 가라고 화만 냈던 게 후회가 된다. 엄마가 너희를 사랑하는 방식이 잘못되었다는 것을 알았어. 너무 늦지 않았다는 것에 감사하더라."

"아빠도 그간 너희들에게 미안했어. 같이 놀아주지도 않고 승진이나 해외파견 근무만 생각했던 것 같아. 너희들의 의견은 물어볼 생각조차 없었으니 말이다. 영어 공부하러 갔다가 아빠가 사람이 되어가는 기분이야. 물론 아빠의 위치도 잘 찾아갈 수 있기를 바라는 맘도 있어. 너희들이 마음을 열어주면 더 빠르지 않을까?"

"아빠, 엄마. 갑자기 이렇게 변하면 곤란한데……."

"얘들아. 아빠, 엄마는 이번에 영어코치라는 코칭을 받으면서 '사람의 마음'이 무엇인지 알게 되었어. 마음 안에 엄청난 것이 숨겨져 있다는 사실을 알게 되었지. 그 마음이 어떤 상태냐에 따라 씨앗이 떨어졌을 때, 결실의 여부를 알 수 있게 해준다는 사실을 알고 너무나 놀랐어. 좋은 씨앗이 온갖 잡다한 사람들이 지나다니는 길가에 떨어진들 그 씨앗이 땅에 뿌리를 내릴 시간조차 없겠지. 엄마는 소위 아줌마 전문가들에 의해 팔랑귀가 되어 자식들을 학원이며 과외로 내몰았다는 생각이 들더라. 그러니 무슨 결실이 있으며 자식들과 엄마 사이에 무슨 사랑이 느껴졌겠니."

"많이 미안해."

엄마의 진심 어린 고백에 광혁과 승국은 눈시울이 뜨거워졌다.

"아빠도 바위같이 굳은 마음을 가지고 꽃을 피워보겠다고 살짝 흙을 뿌리고 그 위에 씨앗을 심었다가 조금만 외부에서 바람이 불고 햇볕이 강하게 내리쬐면 시들시들 말라가는 사람이었지. 바위처럼 굳은 나의 마음은 들여다보지 못하고 외부 환경만 탓했으니 무슨 결실을 얻을 수 있었을까? 이런 엄마, 아빠의 모습 속에 행복이 없는데, 너희들이 무슨 행복을 느끼며 살았을까 싶으니 가슴이 아프더라."

광혁이와 승국이의 어깨가 조금씩 들썩이기 시작했다. 엄마, 아빠가 큰 병이 있는가 싶기도 하고 헤어지려고 그런가 싶기도 하고 오만가지 생각이 스쳐 갔다.

"좋은 땅에 좋은 씨가 떨어져야 좋은 열매를 맺는 건 당연한 사실인데, 엄마와 아빠의 마음은 좋은 땅과는 거리가 아주 멀더라. 마음이 좋은 땅이 되도록 노력해 본 적도 없고 그 마음으로 너희들을 바라봤으니 너희들 마음도 우리와 똑같이 조금씩 병들어가고 있지 않았을까 싶구나."

"엄마, 아빠 왜 그래? 우리가 앞으로 잘하면 되잖아."

광혁이가 울먹이며 눈치를 살피며 말을 했다. 광혁이가 안쓰러운지 엄마는 힘껏 안아주었다.

"절대 그런 거 아니야. 엄마, 아빠가 학부모가 아닌 부모로 돌아올 수 있어서 감사하고 미안한 맘을 말하고 싶은 거야. 이제는 우리 애들과 함께 같은 곳을 바라보며 걸어가고 싶어."

"우리는 엄마랑 아빠가 싸우지 않고 행복했으면 좋겠어. 우리 공부 때문에 싸우는 게 싫거든. 우리가 공부를 잘해서 남들한테 자랑거리가 되면 좋겠지만, 그러지도 못하고 학원이나 과외도 소용없잖아요."

"아직 중학생이고 초등학생인데, 이렇게 힘들게 공부하면 앞으론 얼마나 더 해야 하는지 겁나. 지금도 이렇게 힘들고 불행하다는 생각이 드는데, 중학생, 고등학생이 될수록 행복하다는 생각은 전혀 못 할 것만 같았어."

광혁이랑 승국이도 하고 싶었던 말이었는지 눈물을 흘리면서도 할 말은 다 했다.

새로운 시작의 아름다움

세상 모든 사람은 천재로 태어났다. 시간의 흐름 속에서 세상에 물들며 그 천재성을 잃어버렸다, 아니 천재성을 잃어버린 것이 아니라 순수성을 도둑맞은 것이다. 어린아이와 같은 순수성은 천재로 가는 지름길이다. 사람을 바라보는 순수함, 자연법칙을 운행하는 신에 대한 경외감, 보이지 않는 진리를 탐구하는 지적 호기심은 순수성이라는 샘에서 흘러넘치는 것이다. 잃어버린 순수성과 단순성을 회복하는 것이 새로운 시작이 될지도 모른다.

"애들아, 우리 처음부터 다시 시작한다는 맘으로 서로를 알아 가면 좋겠다. 서로 무엇을 좋아하고 싫어하는지, 어떤 상처와 아픔이 있는지, 가족에게 바라는 것이 무엇인지 등등 사소한 것부터 알아가자."

아빠의 제안에 모두 찬성하며 서로가 포옹하며 즐거운 시간을 보냈다. 아이들과 뜨거운 저녁을 끝내고 두 코치는 서로를 안아주며 고마운 마음을 전했다.

"연애 시절에 당신을 사랑했던 마음이 회복된 기분이네요. 어느 것 하나 감추지 않고 시시콜콜 마음을 전했던 시절이 있었죠. 그래도 지금 이 순간만큼은 아닌 것 같아요. 지금이 더 성숙한 느낌이랄까. 뭔가 꽉 채워진 느낌의 사랑이랄까."

"영어코치라는 것이 우릴 이렇게 변화시킬 거라곤 생각지도 못했는데, 영어와 코치가 만나니까 단순히 언어를 배우는 느낌이 아닌 게 신기해요. 새로운 인생을 살아가는 느낌이 든다는 게 감사해요. 우리가 이제까지 선택한 것 중에서 단연 최고라고 생각해요."

이 코치는 아내의 말에 흐뭇했다.

"벼랑 끝에 서 있던 게 언젠가 싶네요. 여보, 저도 도전할 무엇이 생겼다는 사실에 가슴 뛰게 설레요. 아무것도 할 수 없다는 사실을 인정한다는 것이 정말 괴로웠는데, 그 죽음과 같은 고통 안에서 피어나는 한 줄기 빛과 같은 변화를 볼 수 있다는 것에 감사하게 되네요."

"나도 같은 느낌이야. 뭔가 도전은 설렘보단 두려움이 앞서고 열심히 해야만 하는 그런 관성적인 생각의 틀에서 벗어나서, 알아가는 즐거움을 만끽할 수 있다는 기대감이 그 어느 때보다 높다는 게 이상한 일이지."

두 코치의 미(美)친 밤은 밤새도록 이야기꽃을 피웠다. 사랑으로 시작한 일은 빛이 나기 마련이다. 사랑은 빛이기 때문이다. 사랑의 실타래는 세마포를 짜듯 새로운 도전의 역사를 만들어가고 있었다.

02

절대로 외우지 말자

Miracle English Coaching

아름다운 하루를 보내고 아침이 되자, 두 코치는 약속이라도 한 듯 자녀들의 방에 가서 한 명씩 안아주며 '우리의 아들로 와 줘서 고마워. 그리고 사랑해.'라고 속삭여 주고 있었다. 자고 있던 아이들도 이렇게 기분 좋은 아침은 오랜만이라는 생각이 들었는지 어리광도 부리고 안겨서 떨어지고 싶지 않은 듯 행복 해 보였다.

"엄마랑 아빠는 우리 아들들 학교 보내고 영어 코칭 받으러 갈 거야. 엄마가 영어 코치가 될 수 있도록 기도해줘."

"영어코치는 뭐예요? 우린 영어가 싫던데."

갑자기 광혁이랑 승국이의 얼굴이 굳어졌다.

"하하하, 얘들아, 오늘부터는 영어학원은 억지로 보내고 싶은 생각이 없구나. 가고 싶지 않으면 안 가도 좋아. 학원에서 해방해 줄게."

"진짜죠? 아빠! 말 바꾸기 있기, 없기? 오늘 만우절도 아닌데, 놀리시는 거 아니죠?"

광혁이는 거듭거듭 확인하고 나서야 환하게 웃었다.

"엄마, 아빠! 완전 사랑해요."

승국이는 안기고 뽀뽀하고 난리가 났다. 두 코치는 아이들이 학원으로부터 해방을 이렇게 기뻐할 줄은 예상치 못했다. 너무 쉽게 결정한 사항인가 싶은 생각도 들었지만, 모든 것을 신께 맡기며 자녀들과 하나씩 풀어가는 맘으로 기도해보기로 했다. 특별한 아침을 맞이한 아이들은 스스로 학교 갈 준비를 하며 웃음이 사라지지 않았다,

드디어 기술훈련 시작

센터를 향하는 발걸음은 구름 위를 걷는 기분이었다. 두 코치는 함께 손을 잡고 자녀들의 행복한 모습을 되찾아 준 것에 감사하며 세상의 관념과 싸울 에너지도 주신 것 같았다.

"안녕하세요. 좋은 아침입니다."

"좋은 아침입니다. 오늘은 두 분이 더 기분이 좋아 보입니다."

두 코치는 어제저녁부터 아침까지의 이야기를 들려주며 다

시 한번 감사의 말을 전했다.

"실타래처럼 엉켰던 일이 하나씩 풀려가는 것 같아서 저희도 기쁘네요. 가화만사성(家和萬事成)이라는 말이 괜히 있는 말은 아니네요. 이 에너지 그대로 영어 코치 훈련으로 이어 가도록 합시다."

"여기 테이블 위에 훈련도서가 있습니다. 훈련도서로 어떻게 훈련을 하는지 알려드리는 것이 유일하게 배우는 시간입니다. 훈련도서는 총 5개의 파트가 1개의 사이클을 이루고 있습니다. 파닉스, 단어, TOL Speaking Tree(문법), 회화, 문장으로 구성 되었죠. 우리는 훈련을 통해 10분대로 5개 영역의 파트를 읽어 낼 수 있게 될 것이고 언어적사고장치가 자동으로 심어지게 할 겁니다."

"세부 구성을 보시면 파닉스 104개, 단어 300단어, TOL Speaking Tree 25문장, 회화 100문장, 전래동화 3편으로 되어 있습니다. 각 파트별로 훈련 속도와 메타인지 측정을 할 수 있 고, 사이클 1 전체 훈련에 대한 속도와 메타인지 측정을 할 수 있도록 구성된 훈련도서입니다."

제임스, 폴 코치의 설명을 듣고 있던 두 코치는 생각보다 많은 훈련량에 살짝 당황한 표정이었다. 갑자기 좋았던 기분이 확 다운되는 느낌을 받았다. 두 코치의 마음을 읽었는지 제임스, 폴 코치는 웃으며 이야기를 시작했다.

"성경에 보면 이스라엘 민족이 광야에서 가나안으로 들어가기 위해 염탐꾼 12명을 먼저 보내서 적군의 동태를 살피는 내용이 있죠. 적진을 염탐한 12명 중 여호수아와 갈렙만이 가나안을 정복할 수 있다고 말하고 나머지 10명은 적군의 위세와 전력에 기겁을 하며 절대로 이길 수 없다며 후퇴를 권유하죠. 분명 12명 모두 적군의 전력에 기가 죽을 만도 한데, 왜 두 사람은 정반대로 말을 했을까요?"

"아무래도 두 사람은 10명이 못 본 뭔가를 본 게 아닐까요?"

"하나님은 모세에게 이스라엘 민족을 젖과 꿀이 흐르는 가나안 땅으로 이끄실 거라고 약속을 하셨죠. 두 사람은 그냥 그 약속을 믿지 않았을까요? 그렇지 않고는 눈에 보이는 적군의 전력에 이길 수 있다고 말하기란 어려웠을 겁니다."

김 코치는 성경을 보면서 영어코치도 이런 약속과 같은 것이 있으면 믿고 싶다는 의미로 말을 했다.

"김 코치님은 성경을 자세히 보는 눈이 있으시군요. 다시 강조하고 싶습니다. 눈과 뇌에게 속지 마시고 그들에게 믿음을 주어야 합니다. 아이들에게 숙제를 주면 아이들은 해보지도 않고 양이 많다는 둥 어렵다는 둥, 온갖 핑계를 대기 시작합니다. 눈이 뇌를 속이자 뇌는 눈이 보여준 것으로 모든 것을 판단하고 결론을 짓게 됩니다. 성경에서 하나님이 약속하셨던 그 약속이 믿음이 된 두 사람은 현 상황이나 어려움은 고려대상이 아닌 셈이죠. 영어도 마찬가지입니다. '두 분은 훈련을 통해 10분대로 5개 파트를 읽어낼 수 있게 될 것이고 언어적사고장치가 자동으로 심어집니다.'라는 약속을 믿으시면 됩니다."

"학습량과 막연한 두려움에 속지 마십시오. 종이 호랑이는 호랑이 형상을 하고 있으나 종이일 뿐이죠."

"두 분이 말씀하신 그 사실만 믿고 순수하고 단순하게 알려준 요령대로 훈련만 하면 무조건 된다는 거잖아요."

김 코치 말에 이 코치도 고개를 끄덕였다.

"맞습니다. 저희는 영어코치 훈련과정을 통해 헤아릴 수 없을 만큼의 데이터를 가지고 있죠. 그 자료를 바탕으로 확신과 믿음이 있기에 약속할 수 있죠."

"좋습니다. 확 믿음이 생기네요."

"하하하, 그 믿음이 본인 것이 아니라 저희가 드린 믿음이라는 사실을 절대 잊지 마세요. 두 코치분은 영어훈련에 대한 믿음이 없기 때문에 저희가 과정을 통해 그 믿음을 갖게 해드릴 겁니다. 자신 안에 실제로 이뤄질 때 두 분에게도 믿음이 생깁니다. 이것이 믿음이 생기는 원칙이죠."

제임스, 폴 코치의 설명이 귀에 쏙쏙 들어오는 느낌이 들었다.

"다시 본론으로 돌아와서 훈련요령을 하나씩 알려드리겠습니다. 가장 먼저 준비할 것들은 훈련도서, 볼펜, 생수 한 병, 스톱워치가 필요합니다. 훈련 전 준비사항인 거죠. 준비사항이 확인되셨나요? 훈련의 첫 번째 파트는 파닉스입니다."

No	철자	발음기호			영어 단어	그림
01	b	[b]	[b]	[b]	ball	
02	p	[p]	[p]	[p]	pen	
03	v	[v]	[v]	[v]	very	
04	f	[f]	[f]	[f]	four	

〈자연스럽게 영어가 나오는 **미라클 영어코칭**〉 **훈련도서 파닉스 파트 참조**

"파닉스는 알파벳이라고 생각하면 좋습니다. 우리는 단어를 외우려고 하다 보니 철자를 하나씩 쓰면서 단어를 공부했죠. 이렇게 하면 영어 단어는 모두 외워야만 하죠. 발음만 듣고도 단어를 쓸 수 있게 훈련하는 것이 파닉스를 익히는 본질입니다. 단어의 뜻은 몰라도 단어를 읽을 수 있게 도와주는 것이 파닉스의 역할이라는 말이죠. 본질을 알고 훈련을 해야 하니 약간의 설명을 했습니다."

"왜 우리는 그런 생각을 한 번도 하지 못했을까요? 광혁이랑 승국이가 어릴 때 주변에 있는 간판이나 버스 광고를 보면서 무슨 뜻인지도 모르면서 한글로 읽었던 기억이 나네요. 같은 원리라는 말씀이잖아요?"

"맞습니다. 좀 더 깊어지면 소리를 들으면 그 소리를 철자로 표시할 수 있다는 겁니다. 뜻은 모르더라도 말이죠. 모국어와 영어 모두 같은 원리라는 것을 인식하시면 반은 끝난 상태입니다.”

"파닉스 훈련요령은 '외우지 않고 빠른 속도로 큰 소리 리듬 읽기'입니다. 여기서 중요한 것은 속도에 맞게 몸이나 손동작을 통해 리듬을 맞추며 읽어야 한다는 것입니다. 외우지 않고 큰 소리 리듬 읽기라는 서당 방식에 집중에너지를 높이기 위한 속도를 가미한 것이죠. 처음에는 보통 속도로 손을 흔들면서 '영어철자 b는 브브브, 볼, 볼.'이라고 읽어봅니다. 자, 해봅시다.”

"영어철자 b는 브-브-브, 볼-볼.”

"영어철자 b는 브-브-브, 볼-볼.”

"어떤가요? 어렵지 않죠? 이번에는 좀 더 빠른 속도로 읽어볼까요. 2배 정도 빠른 속도로 손이나 몸을 흔들면서 '영어철자 b는 브브브 볼볼'로 읽으면 됩니다.”

"영어철자 b는 브브브 볼볼.”

두 코치는 빠른 리듬과 속도로 큰 소리 읽기를 해봤다. 조금씩 감이 오는 느낌이었다.

"이 속도보다 좀 더 빠르게 큰 소리 리듬 읽기를 해봅시다.”

폴 코치의 설명에 두 코치는 최대한 빠른 속도로 읽어봤다. 발음이 뭉개지는 느낌도 들고 좀 이상했지만, 아무 생각 없이 시키는 대로 해봤다.

"어떻게 해야 할지 요령을 아셨죠?”

두 코치는 알겠다며 파닉스 전체를 보면서 작은 소리로 읽어

보며 중얼거렸다.

"자, 코치님들 잊지 마세요. 영어는 속으로 중얼거리는 것이 아닙니다. 파닉스 전체를 외우지 않고 빠른 속도로 큰 소리 리듬 읽기를 해보도록 하겠습니다."

"Are you ready?"

갑자기 영어로 말을 하자, 두 코치는 웃으면서도 손동작을 준비하고 있었다.

"Let's go!"

폴 코치의 신호에 따라 104개의 파닉스를 훈련요령에 따라 빠르게 읽어가기 시작했다. 이 코치는 3분 45초, 김 코치는 3분 10초가 되자 104개의 파닉스를 다 읽을 수가 있었다.

"훈련 기록을 체크 리스트에 적도록 합니다. 다 적으신 분들은 눈을 감고 1분의 시간을 드리도록 하겠습니다. 1분이라는 시간에 떠오르는 철자를 입 밖으로 떠올려 보세요. 떠오르는 철자의 개수를 '바를 정'자로 표시하시기 바랍니다. 1분의 시간을 드리겠습니다."

"시작!"

시작이라는 신호와 함께 두 코치는 자신의 머릿속에 떠오르는 철자를 하나씩 말하기 시작했다. 이런 훈련을 처음 해본지라 두 코치는 당황하면서도 눈을 감고 차분히 떠올리기 시작했다.

"3개가 생각났습니다."

"저는 6개가 생각났습니다. 근데, 진짜 외우지 않았는데 생각이 나네요. 신기하네요. 세상에 이런 일들이 영어를 하는데 일어나는군요."

두 코치는 신기했다. 외우지 말라는 말이 조금 이해가 되는 느낌이었다.

"이렇게 훈련을 하시면 됩니다. 대신 다음 훈련을 할 때는 지금 기록한 시간보다 빨라야 할까요? 늦어도 될까요?"

"당연히 더 빨라져야지요. 이제는 그 정도는 압니다."

두 코치의 대답에는 즐거움이 묻어 있었다.

"그렇죠. 시간이 단축될 수 있도록 훈련하기 전에 반드시 뇌에게 명령을 하셔야 합니다. '오늘은 몇 분 안에 몇 개의 철자가 떠오를 것이다'라고 말이죠. 그렇게 뇌에게 신호를 보내고 훈련을 시작하시고 훈련기록이 나온 시간만큼 눈을 감고 생각나는 철자들을 떠올려 보는 겁니다. 아주 쉽죠."

두 코치는 누가 시키지도 않았는데, 스스로 훈련을 한 번 더 하고 메타인지 체크를 해보았다. 2~3개의 철자가 더 생각나자 신기하다며 단어 훈련은 어떻게 하는지 알려달라는 눈치를 주었다.

"여기 단어를 살펴보시죠. 파닉스도 그냥 파닉스가 아닌 것처럼 단어도 마찬가지입니다. 단어는 표현의 시작이며 언어적 사고장치의 씨앗입니다. 한 단어만 잘 구사해도 자신이 전하고

자 하는 메시지의 전부 혹은 대부분을 전달할 수 있죠."

"아이들이 엄마라는 단어 한 가지만 가지고도 여러 의미를 내포한다는 것을 아실 겁니다. 엄마를 부르는 소리만 듣고도 배고플 때, 화났을 때, 다급할 때가 다르다는 것을 아는 것처럼 말이죠. 그래서 아는 단어도 그 느낌을 충분히 이해하고 입에서 무의식적으로 나올 수 있도록 입술에 익혀져야 합니다. 다시 훈련도서의 단어를 보도록 합시다."

001	**morning** [mɔːrniŋ]	morning	아침	morning
002	**afternoon** [æˌftɑrnuːn]	afternoon	오후	afternoon
003	**evening** [íːvniŋ]	evening	저녁	evening
004	**night** [nait]	night	밤	night
005	**name** [neim]	name	이름	name

〈 자연스럽게 영어가 나오는 **미라클 영어코칭** 〉 훈련도서 단어 파트 참조

"단어 훈련도 파닉스 훈련과 거의 동일합니다. 다른 점이 있다면, 단어는 품사별로 정리가 되어있다는 점입니다. 명사-대명사-동사……. 이런 순서로 정리가 되어있습니다. 파닉스 훈련요령 기억나시죠? 외우지 않고 손이나 몸을 움직이면서 빠른 속도로 큰 소리 리듬 읽기입니다. 훈련요령은 '모닝-모닝-아침-

모닝'을 보통 속도로 읽어보도록 하죠. 이번에는 각자가 핸드폰에 있는 스톱워치 준비하시고 속도를 체크하도록 하겠습니다. 'Let's go!'"

제임스 코치의 시작 신호와 함께 두 코치는 단어를 읽기 시작했다. 처음 읽을 때는 어색했던 리듬이 조금씩 익숙해지고 속도도 조금씩 빨라지자 재미가 생겼다. 마치 랩퍼가 된 사람들처럼 점점 빨라지는 리듬에 단어를 읊조리듯 읽고 손동작은 격렬해졌다. 격한 운동을 하는 모습이랄까? 300단어의 끝이 보이자, 두 코치는 스피드를 올리기 위해 한 번의 호흡으로 길고 가늘게, 그렇지만 물러섬이 없이 끝을 맺었다. 운동선수가 격렬한 운동을 마치고 심호흡을 하듯 두 코치는 자신의 훈련기록을 보며 숨 고르기를 하고 있었다. "저는 8분 10초가 나왔네요."

김 코치는 아쉬운 표정이었다.

"저는 7분 45초가 나왔습니다."

이 코치는 아내의 기록을 보며 자신이 더 빨랐다며 좋아했다.

"이 기록을 잘 기억하고 있기 바랍니다. 사람은 잊어버려서 좋은 것도 있지만, 초심은 잊어버리면 안 됩니다. 이 기록이 3~4분대로 들어오게 될 겁니다. 지금은 믿어지지 않겠지만, 자신의 기록에 놀라운 변화가 생길 겁니다."

폴 코치의 여유 있는 웃음에 두 코치는 그냥 믿어보기로 마음먹었다. 어차피, 여기까지 온 것도 기적이었으니까.

"지금부터 1분 동안 눈을 감고 떠오르는 단어를 체크해 보도록 합시다."

두 코치는 눈을 감고 떠오르는 단어를 말로 표현하면서 개수를 카운트하기 시작했다.

"저는 5단어밖에 떠오르지 않네요."

"저도 7단어밖에 생각이 나질 않네요."

두 코치는 급실망을 한 듯 자신의 머리를 탓하기 시작했다.

"두 분에게 분명히 말씀드렸던 것을 잊으셨군요. 갑자기 머리를 탓하시면 암울해지죠. 외우지 말라고 했던 말을 다시 생각하세요. 저는 외워서 말을 하라는 코칭을 해 본 적이 없습니다."

"아, 맞다. 그래서 외우지 말라는 말씀을 자꾸 하시는군요. 외우려고 하는 습관이 고정관념처럼 자리를 잡고 있다는 것을 알 것 같네요. 외우지 말라는 말이 확 느껴지네요."

두 코치는 고개를 연신 끄덕이며 손뼉을 치며 좋아했다. 한편, 인간의 습관이나 고정관념이 삶 전체에 무서우리만큼 사로잡혀 있다는 사실을 새삼 느끼는 시간이었다.

"이제 TOL Speaking Tree로 넘어가도록 하겠습니다."

"TOL Speaking Tree는 크게 두 부분으로 나눠집니다. 첫 부분은 문법을 한 페이지로 정리한 내용입니다."

〈 자연스럽게 영어가 나오는 **미라클 영어코칭** 〉훈련도서 TOL Speaking Tree **부분 참조**

"엄청난 양의 문법을 한 장으로 정리했다면 믿어질지 모르지만, 문법이 복잡해진 이유는 시험 때문입니다. 시험만 아니었다면 문법은 정말 말이나 글을 쓰는 어순을 도와주는 역할을 충실히 했을 겁니다. 솔직하게 말하자면, 우리도 한글 문법을 제대로 모릅니다. 그렇지만, 말을 하는 데 전혀 지장이 없습니다. 물론 글을 쓸 때는 좀 더 문법적 요소가 갖춰질 필요가 있지만, 대부분 자신이 말을 할 수 있으면 글을 쓰는 것은 더 쉬워지기 마련입니다."

"TOL Speaking Tree의 문법 파트는 품사들이 하는 역할과 기능을 정리한 겁니다. 이 내용을 자연스럽게 익히다 보면 어떤 문장을 보면서 품사, 구, 절이 문장 안에서 어떤 역할과 기능을 하게 되는지 머릿속에서 자리를 잡게 됩니다. 그와 동시에 두 번째 파트인 패턴 문장을 익히면서 한글로 정리해 두었던 품사와 구 그리고 절이 1~5형식 패턴 문장 안에서 갖은 역할과 기능이 보이는 신기한 경험을 하게 될 겁니다."

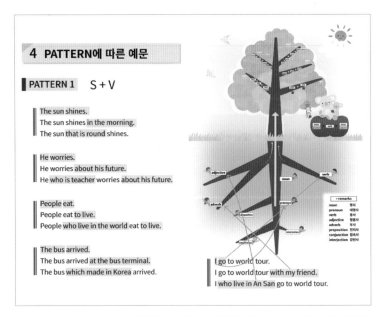

〈자연스럽게 영어가 나오는 **미러클 영어코칭**〉 훈련도서 TOL Speaking Tree **부분 참조**

"TOL Speaking Tree에서 또 중요한 것은 여기 보이는 나무입니다. 이 나무의 크기가 조금씩 다르다는 것을 발견하실 수 있을 겁니다. 다양한 품사의 단어들이 만나서 문장을 구성하는 것을 이미지를 통해 쉽게 확인할 수 있죠. 동사 앞에 어떤 품사가 오는지, 명사와 동사의 순서, 형용사와 부사의 위치 등등을 훈련하는 과정에서 이미지를 통해 자연스럽게 익혀지도록 돕게 될 겁니다."

제임스, 폴 코치의 설명이 더해질수록 두 코치는 점점 빠져드는 느낌이 들었다. 문법이 이렇게 간단하게 정리된다는 것이 여전히 이해되지 않지만, 훈련하다 보면 분명히 깨닫게 될 것이라는 묘한 믿음이 생기기 시작했다.

"이 파트도 요령은 같습니다. 한글로 된 부분을 그냥 읽으시면 됩니다. 물론 '손과 몸을 움직이며 외우지 않고 빠르게 큰 소리 리듬 읽기'를 하면 됩니다. '명대동에 사는 형부는 성은 전 이름은 접감, 명사 나운(영어표기) 이름명 모든 사물에 이름이 있다, 에스 씨 오'라고 읽으시면 됩니다. 이렇게 쉬운 훈련을 보신 적 있나요?"

"그러게요. 영어 하면 항상 어렵고 힘들고 오랜 시간을 해야 한다는 것으로 생각했는데, 이런 식으로 훈련을 하니 하나도 어렵다는 느낌이 들지 않네요. 오히려 이렇게 해도 영어가 된다고 하니 자신감도 생기고 미국 거지도 하는 영어인데, '나'라고 못하겠나 싶은 오기도 생기네요."

두 코치의 눈망울이 반짝반짝 빛났다.

"자, 훈련을 시작해 봅시다."

두 코치는 늘 했던 사람처럼 스톱워치를 준비하고 시작 신호에 따라 읽기 시작했고, 훈련 시간을 기록하고 떠오르는 단어나 문장이 있으면 체크하는 것까지 일사천리로 진행되었다. 마치 늘 해왔던 일인 것처럼……

"여기까지 훈련을 하는데 궁금한 사항이 있을까요?"

"아니요. 물어볼 내용이 없네요."

두 코치는 재밌어하며 큰소리로 대답했다.

028 **I'd love to help.**
I'd love to help.
기꺼이 도와드리죠.
I'd love to help.

029 **Do you have time today?**
Do you have time today?
오늘 시간 있으세요?
Do you have time today?

030 **I'm sorry. I don't.**
I'm sorry. I don't.
미안해요. 안 되겠어요.
I'm sorry. I don't.

〈자연스럽게 영어가 나오는 미라클 영어코칭〉 훈련도서 Conversation 파트 참조

"이번에는 회화 편으로 넘어가겠습니다."

두 코치는 회화 편을 보는 순간 어떻게 해야 할지 아는 것처럼 스톱워치를 준비하기 시작했다.

"이제는 말씀을 드리지 않아도 훈련 준비가 되네요. 아주 유능한 코치들입니다. 한 가지만 말씀드리지요. 여기 문장들의 단어를 보시면 어디서 많이 본 단어들이죠?"

폴 코치의 질문에 두 코치는 잠시 살펴보더니 '아하'하는 표정을 지으며 단어 편에 나왔던 단어들이 문장을 구성하고 있다는 사실을 설명했다.

"맞습니다. 늘 훈련했던 단어들이 회화 파트에서도 자연스럽게 노출되도록 구성했죠. 이렇게 구성하면 뇌와 눈 그리고 입은 마치 단어를 인식하듯 문장을 받아들이는 느낌으로 쉽게 문장이 입에서 나오게 됩니다."

제임스 코치의 간단하고 명료한 설명에 두 코치는 신났다. 폴 코치의 시작 신호와 함께 'I'd love to help, I'd love to help, 기꺼이 도와드리죠, I'd love to help' 순서로 최대한 빠르게 읽기 시작했다. 100개의 회화 문장을 읽으면서 이미 단어를 훈련한 것이 문장을 읽는 데 상당한 도움을 준다는 사실이 알면서도 신기했다. 훈련을 마치면 자동으로 시간을 기록하고 2분 정도 떠오르는 문장을 체크하기 시작했다.

마지막 훈련 파트

"파닉스부터 회화까지 숨 가쁘게 달려왔네요. 이제 마지막
파트만 남았습니다."

A FAMISHED FOX saw some clusters of ripe black grapes
hanging from a trellised vine.

She resorted to all her tricks to get at them,
but wearied herself in vain, for she could not reach them.

At last she turned away, hiding her disappointment and saying:

"The Grapes are sour, and not ripe as I thought."

〈자연스럽게 영어가 나오는 미라클 영어코칭〉 훈련도서 Story Part 1 참조

"훈련의 마지막 코스는 이제까지 훈련한 단어와 문장들로 구성된 단문, 중문, 장문의 전래동화입니다. 파닉스가 단어에 연결이 되고 단어는 패턴 문장과 회화에 연결되고 패턴 문장과 회화 문장의 구성이 확장되어 단문, 중문, 장문 형태의 스토리를 구성하게 된다는 것이 확실히 보일 겁니다. 다시 말해, 파닉스라는 작은 톱니바퀴를 돌리니 장문의 톱니바퀴까지 돌릴 수 있는 힘을 갖게 된다는 뜻이죠. 여기서 핵심은, 이렇게 구성된 톱니바퀴를 돌리다 보면 씨앗이 되는 단어와 문장이 자연스럽게 눈과 귀와 입에 익혀집니다. 씨앗이 되는 단어와 문장이 언어적 사고 장치로 심어지면 언어 성장은 폭발적으로 확장된다는 겁니다."

두 코치는 '씨앗이 되는 단어와 문장이 언어적 사고 장치로 심어진다'는 말을 계속 되뇌었다.

"스토리 읽기는 더 간단합니다. 기존의 단어나 문장처럼 반복해서 읽는 것이 아니라 외우지 않고 빠른 속도로 큰 소리 리듬 읽기만 해주면 됩니다. 스토리를 다 읽었으면 읽은 속도를 기록으로 남겨두면 됩니다. 여기서 주의할 부분은 문장을 읽어나갈 때 TOL Speaking Tree에서 패턴 문장을 읽었던 느낌을 살려서 뇌에게 '문장의 구조를 파악하자'라고 신호를 보내야 한다는 겁니다. 그렇게 훈련을 하다 보면 어느 순간 문장의 구조가 자연스럽게 뇌에서 인식되는 날이 옵니다. 그렇게 되면 다른 영어문장들을 보더라도 읽고 있는 순간에도 문장구조가 싹

들어오게 됩니다."

두 코치는 그저 고개만 끄덕이고 있었다. 초능력 같은 말이기도 하지만 실제 한글을 읽으면서 일어나는 현상과도 같은지라 반박할 명분을 찾기가 어려웠다.

"백번 말해봐야 뭐합니까, 해봅시다."

두 코치는 자신들의 경험으로 말하고 싶다는 의지를 불태웠다.

부분이 전체이고 전체가 부분이다.

마지막 훈련 파트까지 마친 두 코치는 고개와 어깨를 돌리며 긴장했던 몸을 풀고 있었다. 평생에 이런 영어 학습법, 아니 영어 훈련법이라고 하는 게 적절한 표현일지도 모른다.

"두 코치분은 오늘 영어훈련에 필요한 모든 지식은 다 배우셨습니다. 이제부터는 영어 훈련법을 각자의 입에 익히도록 하는 일만 남았네요. 하루면 영어 배우는 것은 충분하다는 말이 실감 나시죠?"

폴 코치의 질문에 두 코치는 맞장구를 쳤다. 파닉스부터 장문의 스토리까지 훈련 도서를 넘겨보면서 한 번 더 훈련요령을 숙지하고 파트별로 기록을 살펴보고 있었다.

"훈련의 의미를 한 번만 더 숙지하도록 하겠습니다. 각 파트별로 훈련하고 훈련 기록을 반드시 남기시고 짧은 시간 동안 떠오르는 내용을 체크하셔야 합니다. 이 피드백 과정을 절대로 잊어서는 안 된다는 사실입니다. 각 파트별 훈련이 익숙해지면서 어느 날 전체를 한 번에 훈련하는 날이 올 겁니다. 전체를 훈련할 때 파트별 훈련의 효과를 바로 경험하게 됩니다. 그러니, 각 파트별 훈련에서 최선의 기록과 피드백이 나와야 전체 훈련의 시너지효과가 발생합니다. 부분이 전체에 미치는 영향이 크죠. 전체 훈련의 성과는 각 파트별 훈련 결과가 좌우합니다. 운동선수들이 하나의 과정을 완성하기 위해 각 부분별 훈련을 소화하는 과정을 반드시 거치게 되어있죠. 명심하십시오.”

"네, 알겠습니다. 뿌듯하다는 생각이 듭니다. 영어를 끝까지 완주한 느낌이랄까요. 이런 일이 한 번도 없었던 사람들이라. 늘 처음에는 열심히 하다가 중도 포기를 밥 먹듯이 했었기에……"

"오늘은 영어 잘하는 방법을 훈련방식을 통해 알게 되었을 뿐입니다. 이제부터가 진짜 시작이죠. 절대로 외우지 마시라는 점 다시 강조하고 싶습니다. 새로운 방식에 대한 불안감이 옛 습관에 사로잡힌 자신을 버리지 못하는 경우가 많습니다. 영어를 외웠던 것이 익숙했던 과거의 자신을 버리셔야 합니다. 그래서 부부가 서로에게 부모가 될 필요가 있듯이 서로가 서로에게 코치가 되어 줄 필요가 있죠. 가장 가까운 사람을 코칭 한다는 것은 가르치는 것보단 쉬울 겁니다. 다만, 코칭과 티칭을 혼돈하면 하루가 멀다 하고 부부싸움으로 전쟁을 치를지도 모르죠."

제임스, 폴 코치의 한 마디에 웃음바다가 되었다.

"내일부터 훈련기록을 작성해서 단체 문자 메시지로 올려주시기 바랍니다. 훈련기록 올리는 요령은 문자 메시지로 전달하겠습니다."

"네, 감사합니다. 오늘 수고하셨습니다."

훈련 올리는 요령(예시)

03 자기만의 큰 소리 리듬 읽기의 흐름을 찾아라

Miracle English Coaching

동물이나 식물은 자연의 섭리를 거스르지 않기에 불협화음이 없다. 인간이 자연에 참견하기 시작하면서 자연은 자신의 정화능력을 점점 상실해가고 있다. 자연의 법칙은 물 흐르듯 자연스럽다. 그 흐름 가운데 인간이 살아갈 수 있도록 생명의 법칙이 숨 쉬고 있다는 것을 인간은 감사할까?

두 코치의 좌충우돌 영어 훈련기

훈련을 시작한 지 일주일이 지났을까? 각 파트 별로 훈련 시간이 단축되고 떠오르는 단어와 문장이 점점 늘어나는 재미를 느끼며 한창 훈련에 열중하고 있을 때, 자녀들이 서서히 관심을 보이기 시작했다. 광혁이와 승국이는 며칠째 엄마와 아빠가 큰 소리로 중얼거리는 모습을 보면서 이상하게 여기고 있던 차에, 엄마가 광혁이에게 'Say good night to mom'이라고 영어로 말하는 것을 보고 궁금증이 생겼던 모양이다. "엄마가 입에서 영어가 나오다니 이상한 기분이 들어. 우리 엄마가 아닌 것 같은, 아무튼 어색하다. 근데, 엄마가 영어 하는 모습이 행복해 보인단 말이지."

"엄마도 너무 행복해. 영어라면 쳐다보기도 싫었던 엄마잖아. 그래서 너희들한테 영어의 한(恨)만큼은 대물림하고 싶지 않아서 그렇게 극성을 떨었지. 엄마가 이렇게 영어를 해보니까 너희들도 엄마, 아빠처럼 영어를 하면 정말 즐겁게 하지 않을까 싶어. 같이 해볼래?"

김 코치는 두 아들에게 넌지시 말을 건넸다. 광혁이가 잠시 망설이더니 승국이의 눈치를 보면서 질문을 했다.

"엄마가 하는 방식대로 하면 외우지 않고도 할 수 있는 거야? 난, 정말 외우는 거 질색이거든."

요즘 영어 학원을 안 가서 행복한 상황을 깨고 싶은 마음이 없었다.

"외우는 거라면 엄마, 아빠도 마찬가지란다. 너희도 봤잖아. 아빠가 영어 때문에 집에서 엄마와 너희들한테 화풀이했던 거 말이지. 이 방식은 전혀 외울 필요가 없고 스피드 게임 하듯이 즐기면서 하면 영어가 저절로 된다고 하면 믿을래?"

아빠의 장난기 섞인 말투에 아이들은 급 호기심을 갖게 되었다. 두 코치는 자신들이 즐거운 마음으로 무언가를 하고 있을 때, 그 행복감이 자녀들에게도 전해진다는 평범한 진리를 영어라는 코칭법을 통해서 알게 되었다는 것이 그저 신기할 따름이다.

광혁이랑 승국이도 두 코치 옆에서 장난치듯 훈련방식을 배우기 시작했다.

"아빠, 정말 이렇게 슬렁슬렁하면 영어가 된단 말이지?"

이번엔 승국이가 훈련 방법을 배우면서 믿기지 않는다며 고개를 절레절레했다. 하지만 그것도 잠시 자녀들은 배움과 익힘의 속도가 확실히 빨랐다. 훈련요령을 터득하더니 순식간에 익히는 연습이 되기 시작했다. 말랑말랑한 스펀지에 물이 스며들듯 각 파트별로 떠오르는 단어나 문장이 점점 많아지기 시작했다. 1주일에 온 가족이 영어로 하나가 된다는 것이 있을 법한 설정인가? 두 코치는 게임을 즐기듯 영어훈련을 하기 시작한 자녀들의 모습을 보면서 과감하게 학원을 그만두고 기다려 준 시간이 약이 되었다는 사실에 감사했다.

영어 패러다임에 계속 노출 시키지 않고 자유롭게 생각할 시간을 준 게 이렇게 도움이 될 줄 몰랐다. 공부는 부모와 자녀의 갈등의 원인이자 고통의 산물이다. 세대와 상관없이 함께 공유할 그 무엇이 있다는 것은 축복이다. 특히 언어라는 수단을 함께 공유하며 서로의 마음을 표현할 기회를 붙잡을 수 있다면 언어와 추억이라는 두 마리 토끼를 잡는 셈이다.

한 달쯤 시간이 흘렀을까? 자녀들과 두 코치는 어느 순간부터인가 함께 훈련하는 시간이 자리를 잡기 시작했다. 저녁 식사를 마치면 자동으로 김 코치와 광혁이는 설거지를 하고 이 코치와 승국이는 영어 훈련을 할 수 있도록 물과 스톱워치 그리고 훈련도서와 필기도구를 준비했다.

"자, 오늘은 누가 코치 역할을 하는 날이지?"

김 코치의 질문에 광혁이가 노트를 살피며 말했다.

"오늘은 아빠가 하는 날이네요."

이 코치는 벌써 자기냐며 너스레를 떨었다. 말하자마자 일어서서 코치의 자세를 갖추기 시작했다.

"자, 지금부터 각자의 어제 훈련기록을 확인하시기 바랍니다. 시간과 메타인지 측정에 따른 단어와 문장 개수를 확인하시고 뇌에게 미리 신호를 보내시기 바랍니다."

이 코치는 준비된 상태를 확인하고 훈련 신호를 보냈다. 신호와 함께 모두 파닉스부터 하나씩 훈련을 하고 시간과 개수를 적어두었다. 각자 어제 훈련과 비교하며 희비가 교차했다.

"훈련기록과 단어와 문장 개수를 단체 문자 메시지로 올리도록 합시다."

모두 각자의 기록을 문자 메시지로 올리고 훈련하면서 느낀 점들을 이야기하고 있었다. 한참 이야기를 나누고 있을 때, 이 코치의 핸드폰 전화벨이 울렸다.

"네. 제임스 코치님."

훈련기록을 살펴본 제임스, 폴 코치는 스피커폰으로 코칭을 하기 시작했다.

"온 가족이 영어를 한다고 하니 정말 멋집니다. 광혁, 승국 학생. 만나서 반가워요."

"안녕하세요."

광혁이와 승국이도 큰소리로 인사를 했다.

"가족의 기록을 보니 너무 좋네요. 두 코치분이 우리 자녀들의 마음을 제대로 사셨군요."

"아닙니다. 저희는 뭘 한 게 없어요. 그저 두 분이 저희에게 보여주셨던 마음의 흐름대로 움직였더니 애들도 즐겁게 영어를 하게 되었습니다. 두 분의 도움이 얼마나 큰지 모릅니다."

"저희도 가족을 코칭 하는 것이 얼마나 감사한지 모릅니다. 한 가정이 회복되는 현장을 보고 있으니 말이죠. 저희도 영광입니다. 그래서 이렇게 전화를 드리고 싶었습니다."

서로 감사하는 모습이 보기 좋았는지 아이들도 신났다.

"한 달이라는 시간 속에서 이뤄낸 성과를 더욱 전진시키기 위해 내일부터는 파닉스부터 전래동화까지 쉬지 않고 완주했으면 합니다. 현재 각 파트별로 나온 훈련 시간을 합산하면 대략 20~25분대가 나옵니다. 메타인지도 조금씩 향상되면서 각 파트별로 30~40% 가까이 나오고 있습니다. 이제 사이클 전체를 훈련해도 큰 무리가 없을 겁니다. 다만, 당일 코치를 맡으신 분은 각자의 파트별 기록을 체크하셔서 알려주실 필요가 있겠

죠. 핸드폰에 있는 스톱워치는 이 기능이 지원됩니다."

제임스, 폴 코치의 다음 훈련 단계 설명을 듣고 모두 궁금한 질문을 했다.

"저희가 하루 이틀 훈련을 해보고 애들과 함께 센터를 방문해서 코칭을 받아도 될까요?"

김 코치의 깜짝 제안에 모두 놀라기도 했지만, 기대하는 눈치였다.

"그렇게 하시죠. 가족이 영어의 한을 풀어보겠다는데, 막을 이유가 있나요?"

제임스, 폴 코치도 즐거웠다. 가족이 영어로 하나 된 모습이 아름답기까지 했으니 말이다.

이틀 후

두 코치는 사이클 전체를 훈련하면서 몇 가지 궁금한 것들이 생겼다. 아이들과 함께 코칭 약속을 정하고 센터를 방문했다.

"안녕, 애들아."

제임스, 폴 코치는 광혁이와 승국이를 보면서 반갑게 인사를 했다.

광혁이와 승국이도 목소리로만 듣다가 실제 모습을 보자, 반갑기도 하고 상상했던 모습과 달라서 웃음이 나오기도 했다. 잠시 서로 담소를 나누면서 아이들과도 친해지는 시간을 가졌다. 광혁이가 먼저 궁금했는지 질문을 시작했다.

"제가 원래 영어를 엄청 싫어했는데, 이 방식으로 해보니 영어가 별것 아니라는 생각이 들었어요. 방식을 조금 바꿔서 처음부터 끝까지 전체를 해보니 좋은 점은 속도가 빨라졌다는 것을 느낄 수 있었어요. 제가 워낙 게임을 좋아해서 뭐든 빠르게 하는 게 맘에 들어요. 근데, 떠오르는 단어와 문장은 크게 늘지 않고 오히려 줄어들었어요. 마치 자동차 게임을 하면서 기록은 좋아졌는데, 중간중간 아이템이나 점수를 못 먹고 목적지에 도착한 느낌이 들었어요. 왜 이런 현상이 생기죠?"

"자신을 솔직하게 보는 눈과 마음이 있어서 좋네요. 우리는 늘 하던 방식이 변경되면 당황해서 익숙해질 때까지 정체된 느낌을 갖게 됩니다. 훈련방식이 바뀌면 이런 현상이 똑같이 적용됩니다. 순간 뇌는 정보량이 많다고 생각하고 포기하고 싶다는 신호를 보내죠. 여기서 짚어야 할 부분은 이미 다 알고 있는 것들이니 외우지 않아도 된다는 사실을 인식시켜야 합니다."

"광혁이랑 승국이는 게임으로 설명하면 쉬울 거야. 게임의 단계가 높아지면 처음에는 속도가 점점 빨라지면서 아이템을 먹는 것이 거의 불가능한 것처럼 느껴지지만, 같은 단계를 여러 번 거치면서 어디에 무슨 아이템이 있으니 어떻게 움직이면 되는지 자연스럽게 알게 되고 빠르게만 느껴졌던 속도가 그렇게 빠르지 않다고 여겨지기 시작하죠."

제임스, 폴 코치의 설명에 아이들은 눈이 반짝였다. 이미 자신들이 경험했던 바라 쉽게 이해하는 모습이었다.

"저는 좀 다른 궁금증이 생겼습니다. 파트별로 나눠서 했던 훈련보다 전체를 한 번에 하니까 흐름이 끊기지 않고 자연스럽게 이어지니까 손이나 몸동작에 따라 뇌도 함께 흘러가는 느낌이랄까요."

이 코치는 자신의 느낌을 말하면서 신기한 경험을 한 듯 묘한 표정을 지었다.

지금 말씀하신 경험과 메타인지 향상과의 관계를 발견하셨나요?

"지금까지는 모르겠습니다. 큰 변화가 있는 것은 아니라서……."

"아주 중요한 경험을 하시기 시작한 겁니다. 훈련할수록 점점 자기만의 흐름을 타기 시작합니다. 일정 학습량의 증가와 빠른 훈련 속도에도 불구하고 그 흐름이 자리를 잡으면 단어와 문장, 모든 것들이 잘 보이기 시작합니다. 처음과 끝을 이미 보고 가는 느낌을 경험할 때가 올 겁니다."

"또 다른 궁금한 점은 없나요?"

"제가 훈련하면서 느낀 점은 빠른 속도로 훈련을 하고 있는데, 그 와중에도 이미 입에서 나온 단어와 문장은 그냥 넘어가는 느낌이 있고, 입에서 안 나온 단어와 문장들은 더 자세히 보려고 하는 경향이 있더군요. 뇌가 더 신경을 쓰는 느낌이 들었어요. 이것이 뇌가 기억하려고 반응하는 것인가요?"

김 코치의 훈련 소감을 듣던 제임스, 폴 코치는 웃으며 말을 이어갔다.

"뇌가 신경을 쓰지 않는 단어와 문장들은 이미 알고 있다는 신호이기는 합니다. 그렇지만, 뇌에게 속지 마시고 입으로 표현하셔야 합니다. 매일 메타인지를 체크하지만 늘 같은 단어와 문장이 떠오르지 않는다는 사실노 잊지 마세요. 뇌를 거쳐서 말을 한다고 생각하기보단 자율 신경계처럼 그냥 입에서 막 나와야 한다고 생각하시는 게 좋습니다. 입에서 나온 단어와 문장은 이미 씨앗이 되는 단어와 문장으로 자신의 언어가 된 것들입니다. 이렇게 형성된 단어와 문장들이 많을수록 뇌와 상관없이 입에서 마구 튀어나올 수 있는 거죠."

훈련하면서 느꼈던 것들이 설명을 통해서 하나씩 정리가 되자, 신기하고 좋았다. 뭔가 이뤄질 것만 같은 생각이 자꾸만 들기 시작했다.

04

學而時習地면 不亦說乎아
(학이시습지면 불역열호아)

Miracle English Coaching

배움은 때에 맞춰 익힐 때 즐거움이 있다. 삶은 때에 맞춰 성장할 때 기쁨이 있다. 삶은 인생을 사는 게 아니라 생명을 사는 문제이기에 삶의 여정은 생명 성장의 기회를 붙잡도록 도와준다. 인생을 사는 사람은 삶을 사는 사람의 생명의 순수함과 빛을 이해하지 못하는 법이다. 삶과 인생은 같은 듯 다른 길을 가는 빛과 어둠과도 같다.

"광혁이랑 승국이는 에빙하우스 망각곡선이 뭔지 알지?"

"네, 학교에서 귀에 딱지가 붙도록 들었어요. 잊어버리니까 복습하라고 하실 때, 선생님이 많이 말씀하셨던 내용입니다."

"그렇지. 머릿속에 장기기억으로 저장하기 위해서 복습하라는 뜻인데, 우리 조상들도 에빙하우스와 비슷한 원리를 삶 속에서 실천하며 사셨지. 오히려 에빙하우스 망각곡선으로는 알길이 없는 인간의 깊은 내면의 즐거움까지 포함한 사자성어가 있지. 아는 사람?"

"에빙하우스와 비슷한 느낌의 사자성어라고요?"

"배우고 때에 맞춰서 익히면 어찌 즐겁지 아니한가?"

이 코치가 생각났다며 정답을 외치며 말했다.

"맞습니다. 우리 조상들은 배우고 때에 맞춰서 익히는 것이 얼마나 즐거운 일인지 경험을 통해서 정확히 알고 있었죠. 여기서 가장 중요한 것은 배우는 것과 익히는 것이 아니라 '때에 맞춰'라는 표현이죠. 배우는 것과 익히는 것 사이에 때가 있다는 의미죠."

"때라는 게 학생일 때를 말하는 건가요?"

승국이가 드디어 입을 때며 물었다.

"물론, 학생 시절에 배우는 것이 가장 좋다는 말도 맞죠. 그렇지만, 배우고 나서 때에 맞춘다는 말이니, 역설적으로 익히는 것도 때가 있다는 뜻이기도 합니다. 에빙하우스에서 망각곡선과 '때에 맞춰'라는 사자성어를 연계해서 생각해봅시다. 단기기억을 장기기억으로 넘기기 위해서는 학습한 내용을 바로 복습하는 첫 번째 한 때가 필요합니다. 그리고 당일 이내에 복습할 한 때를 놓치지 않아야 하죠. 세 번째 복습은 1주일 이내에 해야 하죠. 마지막으로 한 달 이내에 복습을 하면 완전히 장기기억으로 저장됩니다. 이것이 바로 에빙하우스와 '때와 맞춰'라는 개념이 가지고 있는 '때'입니다. 영어 훈련에서는 에빙하우스처럼 외우는 형태의 복습을 하지 않습니다. 그럼, 영어 훈련은 어느 때가 가장 좋을까요?"

"배우는 것보다 익히는 과정이 많은 영어훈련을 언제 하는 게 좋은지는 생각조차 못 해봤네요. 저희는 그냥 저녁 시간에 했는데."

"물론 외우지 않고 부담 없이 하는 훈련이라 언제든지 해도 상관은 없죠. 그렇지만, 좀 더 뇌를 활용해서 효율성을 높이는 때가 있다면 그 시간을 이용한다면 좋겠죠."

"보편적으로는 '잠을 자기 전과 잠을 자고 난 즉시' 하는 것이 좋다고 합니다. 우리 뇌는 하루 동안에 발생한 지식과 정보 그리고 경험을 자는 동안에 처리하게 되죠. 하루 동안 모든 내용을 뇌가 잊어버리지 않고 기억한다면 우린 미쳐버릴지도 모릅니다. 그래서 뇌는 밤새 삭제와 저장을 반복하며 일을 하게 됩니다. 하루 중에 일상을 벗어난 경험이 있다면 쉽게 잊어버리지 않게 됩니다."

"예를 들면, 광혁이나 승국이에게 갑자기 여자 친구가 생겼다면 이런 경험은 절대 잊히지 않겠죠. 또 하나는 하루 동안 여러 번 반복된 데이터는 뇌에서 쉽게 버리지 못한다는 겁니다. 이 내용을 저장해야 하나 고민을 하게 되죠. 이렇게 흔적만 남긴 채 사라진 정보를 아침에 다시 인식시키는 훈련을 해준다면 훨씬 쉽게 뇌와 입은 열리게 됩니다. 이것이 하루에 언제 익혀야 하는지 알려주는 한 때입니다."

"우리 집 애들은 힘들 것 같네요. 아침에 호랑이가 잡아가도 일어나는 게 어려우니."

김 코치의 한 마디에 아이들은 일제히 엄마를 쳐다보며,

"우리가 누굴 닮았겠어요?"

라고 외쳤다.

"물론, 사람마다 바이오리듬이 다르죠. 제가 드리고 싶은 말씀은 분명히 자신에게 적절한 신체 리듬과 뇌의 움직임이 있으니 그때를 활용하면 더 효율적이라는 뜻으로 이해하시면 됩니다."

가족들은 각자 의견이 분분했다. 결국, 함께 훈련하는 시간은 저녁 식사 후에 하는 거로 하고 팀별 훈련은 서로 시간이 맞는 사람들끼리 하기로 결론짓고 마무리되었다.

익힘이 주는 즐거움

때를 맞춘다는 것의 의미가 이해되자, 다음에 이어질 내용이 뭔지 궁금했다. 제임스, 폴 코치도 차를 마시며 다시 말을 이어갔다.

"우리는 누군가에게 자신이 알고 있는 내용을 잘 설명해주고 나면 뿌듯함을 느낍니다. 왜 그럴까요? 내가 뭔가 더 알고 있다는 자신감, 아니면 도움을 주었다는 행복감, 혹은 설명을 하는 자신의 모습에 대한 황홀함일까요?"

알 듯 모를 듯 고개를 갸우뚱했다.

"우리는 각 분야의 달인을 보면 한결같은 공통점이 있죠. 눈 감고도 그 일을 한다는 것과 일에서 즐거움을 느끼고 있다는 점이죠. 우리 모두 자전거를 탈 줄 압니다."

"하지만 누군가는 타는 정도를 넘어서 두 손을 놓고 타기도 하고 거꾸로 타기도 하죠."

"왜 그럴까요?"

"사람들은 자전거 타기라는 아주 단순한 과정을 익힘으로써 자유자재로 자전거를 타고 싶다는 창의적인 생각과 도전정신이 생기면서 더욱 즐거움을 느끼게 됩니다."

"광혁이랑 승국이가 처음 말을 배울 때 '엄마'라는 단어만 가지고 계속 말을 하다가 어느 날 두 개의 단어를 사용해서 '엄마, 맘마'라고 단어를 늘려가게 됩니다."

"단어를 익히고 사용하고 확장하는 과정에서 단어의 쓰임을 익히고 그 쓰임을 확장하면서 표현의 즐거움을 알게 됩니다. 이렇게 익히고 표현과 재현의 즐거움을 아는 사람은 그 분야의 달인으로 성장하기 시작하죠."

"게임은 이런 익힘과 즐거움을 가장 잘 구현한 장난감이라고 생각합니다. 익숙하지 않던 게임이 거듭할수록 쉬워지고 새로운 단계에서 다양한 기능을 실험해보고 도전하면서 묘한 즐거움을 느끼게 됩니다. 그 즐거움은 결국 달인을 탄생시키게 됩니다."

"익힘의 즐거움은 습(習) Synergy Effect 공식에서 @가 갖은 내적 동기에 영향을 주는 결정적 요인이기도 하죠."

"게임으로 설명해주시니 너무 이해가 쉽네요. 제가 언어를 게임처럼 생각하면 더 잘할 거라 생각이 듭니다."

광혁이랑 승국이가 해맑게 웃으며 말했다.

어찌 보면 우리는 언어의 한계를 스스로 정해놓고 익힘의 즐거움을 제한했는지도 모른다. 두 코치와 아이들은 영어를 게임처럼 익히면서 즐길 수 있다는 사실을 알아낸 것만으로도 대단한 수확이었다.

05

속도와 시간이 만들어낸
메타인지 향상

Miracle English Coaching

우리의 코칭은 스스로 무엇인가 할 수 있다는 것을 믿게 하는 것이다. 영어가 어렵다는 것을 믿었던 학습자에게 영어가 쉽다고 믿게 하는 것, 즉 코칭은 스스로 믿는 것을 실현함으로써 그 힘을 보유하고 틀을 벗어나는 '지적 해방' 능력을 구현해주는 것일지도 모른다. '콩 심은 데 콩 나고 팥 심은 데 팥 난다.'라는 말은 시간과 자연의 섭리를 통해 결실을 보게 될 거라는 믿음이 심어진 말이다.

가족이 함께 코칭을 받고 돌아오는 길에 광혁이와 승국이는 영어에 대해 더 열린 마음을 갖게 되었다. 영어를 스스로 할 수 있는 '그 무엇'으로 간주하였다는 사실이 도전정신을 불러일으켰다. 광혁이와 승국이는 게임을 버리고 영어를 게임처럼 하기 시작했다. 학교 가기 전, 방과 후, 저녁 식사 후, 팀별(2인 1조) 훈련까지 하루에 4번의 훈련을 하면서 아이들에게 놀라운 변

화가 생기기 시작했다. 두 코치는 일주일 사이에 이렇게 차이가 날 거라곤 예상치 못한 터라 그 비결이 궁금했다.

"도대체 무슨 일이 벌어진 거냐?"

김 코치는 훈련 속도와 시간 그리고 메타인지 향상을 보면서 입이 벌어지고 말았다. 전체 훈련 속도가 2배 빨라지고 시간은 2배 줄어들고 메타인지 향상은 4배나 높아졌다.

"엄마, 아빠! 우리 둘은 어릴 때부터 게임을 서로 즐겁게 경쟁하듯이 했잖아. 게임이랑 똑같이 했어. 서로 훈련 시간을 체크해 주고 떠오르는 단어나 문장 확인해주면서 재미있게 했더니, 하나라도 더 떠올리게 하고 싶으니까 집중력도 더 높아지더라."

광혁이와 승국이는 신나게 말을 하기 시작했다. 두 코치는 이런 변화를 제임스, 폴 코치와 공유하고 싶었다. 그렇지 않아도 훈련 기록의 변화가 두드러지자 통화하고 싶었던 마음도 있었다.

"애들의 훈련 결과가 몰라보게 좋아졌네요. 물론 두 코치분도 좋은 훈련 결과를 만들어가고 있답니다. 이제 속도와 시간이 목표치에 도달하고 있으니 메타인지를 더욱 향상될 수 있도록 코칭 할 때가 된 것 같습니다."

"애들아, 스피커폰으로 코칭 하신다고 하니 같이 들어보자."

두 코치는 자녀들과 함께 듣기 시작했다.

"이제 훈련하고 나면, 메타인지를 향상시키기 위한 코칭기술을 추가하도록 하겠습니다. 잘 들으시고 메모를 해두세요. 지금까지는 전체 훈련을 하고 시간을 기록하신 후에 5~10분 동안 떠오르는 단어와 문장을 입으로 표현하는 연습을 했습니다."

"여기에 '동문서답 말하기' 코칭기술을 한 가지 추가하도록 하겠습니다. 이 코칭기술은 역발상의 일환인데, 학교에서 영어 시간에 많이 했던 'Dialogue' 방식을 응용한 겁니다. 동문서답은 각자 자기가 하고 싶은 말만 합니다. 대신 상대방이 했던 표현은 하지 않는 것을 원칙으로 합니다."

"이 코칭기술의 장점은 말하기를 상당히 지속할 수 있다는 점이죠. 자신이 훈련한 단어와 문장들을 맘껏 사용해보자는 의미입니다. 이렇게 하면 생각하지 않고도 입에서 자동으로 나오는 단어와 문장을 뱉어내기 때문에 무의식 상태에서 말하기가 가능하도록 돕는 훈련방식이죠."

"동문서답 말하기라? 뭔가 재미있을 것 같네요."

온 가족이 환호했다.

"저희가 전화상으로 듣고 있을 테니 한 번 해보시겠어요?"

온 가족은 제임스, 폴 코치가 듣는 가운데 시작과 함께 훈련하기 시작했다. 속도와 시간 단축을 현격하게 느낄 수 있었다. 각자 떠오르는 단어와 문장들을 체크한 후, 새로운 훈련방식을 접목하기 위해 숨 고르기를 하고 있었다.

"자, 지금부터 이 코치를 중심으로 시계방향으로 돌아가면서

'동문서답 말하기' 기술 코칭을 진행해보시죠."

"Good morning!"

"Good night!"

"Hello, nice to meet you!"

"I'm fine. How are you?"

"How is everything?"

"Take care."

"Please."

"Sure."

"I take pictures."

"Do you like sports?"

"How many people are in your family?"

"I believe in God."

자신의 순서가 오면 정신없이 말하기 바빴다. 자신이 하려고 준비한 말을 다른 사람이 하면 순간 당황하기도 하고 자신도 모르는 사이에 툭 튀어나오기도 했다. 자신의 순서가 무사히 끝나면 심호흡을 하기도 하면서 몇 번의 릴레이가 반복되기도 했다. 김 코치가 2초 안에 말을 하지 못해서 지고 말았다. 아이들도 모두 자신이 걸리지 않았다며 '다행이다'를 연거푸 말하기도 했다. 묘한 재미가 있는 훈련방식이었다.

"어떤가요?"

제임스와 폴 코치의 질문에 재밌어서 계속하자며 난리였다.

"이렇게 훈련하시면 실전연습이 되기도 하면서 메타인지를 더 끌어올릴 수 있습니다. 내가 모르는 것을 아는 것과 내가 아는 것을 표현할 수 있는 것을 포함한 것이 메타인지입니다. 특히 언어에서는 자신이 모르는 것을 확인하는 것임과 동시에 아는 것을 입으로 표현하기 때문에 메타인지를 체크할 수 있는 가장 좋은 도구이기도 합니다."

"그렇군요. 왜 제 입에서 나오는 단어와 문장들을 체크하라고 하셨는지 더 분명하게 알게 해준 시간이었습니다. 감사합니다."

"제임스, 폴 코치님, 정말 감사합니다."

온 가족이 전화상으로 큰 소리로 감사하다는 말과 함께 행복의 온도가 전해지는 느낌이었다. 따스함이 묻어났다.

제임스와 폴 코치는 통화를 마치고 잠시 생각에 잠겼다. 이 가족이 이렇게 변화할 수 있도록 도울 수 있어서 다행이라는 생각이 들었다. 과거의 악연을 악연이라는 이유만으로 마음에서 용서하지 않았다면, 서로가 아픔을 치유할 기회조차 없었을 것이다.

어디 그뿐인가! 대한민국의 한 국민으로 영어의 한(限)을 가진 채 제대로 풀어보지도 못하고 자녀들에게 대물림하는 역사를 되풀이했을 것이다. 소중한 기회를 주신 신께 감사하며 이 경우를 통해 영어가 가족에게 큰 아픔과 상처를 치유할 수 있는 도구가 될 수 있다는 희망까지 얻을 수 있었다.

두 코치는 서로 말을 하지 않았지만, 함께 해온 세월 속에서 서로의 눈빛만 봐도 무슨 생각을 하는지 알고 있었다. 영어는 사랑이다. 아니 언어는 사랑인 것이다. 올바른 영어 코칭이 한 가정의 사랑을 회복하는 역사를 보았으니 말이다. 두 코치는 전혀 불가능할 것 같은 "영어 대중화"라는 말을 되새기며 모두가 영어를 쉽게 사용할 수 있는 날이 그리 멀지 않았다는 확신을 하게 되었다.

06

메타인지를 넘어
메타인지 향상을 위한 기술코칭

Miracle English Coaching

자신을 안다는 것은 올림피아드 수학 문제를 해결하는 과정보다 더 어렵다. 수학 문제는 그래도 정답을 알고 있지 않은가? 자신을 안다는 것은 모든 문제의 해법을 본질적으로 가지고 있지 않다면, 쉽사리 접근하기가 어렵기 때문이다. 내 안에 무한한 가능성이 있다는 사실을 알고도 문제해결의 답이 자신 안에 있다고 역설해도 자신이 누구인지 모른다면 빈 수레가 요란할 뿐이다. 갈매기가 새우깡을 낚아채는 기능을 익히는 것이 자신이 '새'라는 존재를 인식하는 것보다 우선이라면 그 갈매기의 인생만 있을 뿐 삶은 없는 것이다. 먹고 사는 문제로 어떤 기능을 익히는 것이라면 자신이 한 존재로 살아가는 의미는 찾기 어려울 것이다. 그저 인생일 뿐이니까.

'동문서답 말하기' 코칭기술을 훈련한 후, 이 코치 가정에서 영어는 단순한 학습의 도구가 아닌 마음과 사랑을 표현하는 언어의 실재가 되고 있었다. 두 코치와 자녀들은 만나기만 하면 자신이 알고 있는 단어나 문장으로 주저함이 없이 표현하기 시작했다. 상대가 이해하든 못하든 상관없이 자신이 하고 싶은 표현을 하게 되고 틀려도 아무런 상관이 없다는 것이 영어 공포증으로부터 벗어나는 길임을 표현을 통해서 알게 되었으니 말이다.

영어의 즐거움에 푹 빠진 이 코치 가족은 센터 방문이 잦아들었고, 다양한 연령대가 모여서 영어를 하는 모습이 신기하기도 하고 다른 훈련도서를 가지고 한 강의실에서 훈련하는 모습이 여느 학원들에서는 전혀 볼 수 없는 광경이기 때문이었다. 더 놀라운 건 한쪽 게시판에는 '수능만점자 리스트'와 '토익, 토플 고득점자 리스트'가 있었다.

"Good afternoon! Coach."

광혁이랑 승국이는 제임스, 폴 코치를 보자마자 영어로 말을 걸었다. "Good afternoon! 광혁, 승국"

"How's going?"

"I'm fine."

"I'm fine, too."

"So so.", "I'm Good."

"Your English is very well."

약속이라도 한 듯 영어로 한마디 거들었다. 집에서 훈련을 어떻게 했는지 알 수 있는 순간이었다.

"갈수록 가정이 화목해지고 영어 실력도 좋아지는 것 같네요."

"다 두 분이 잘 코칭 해주신 덕분입니다. 감사합니다. 근데, 늘 센터에 오면 물어보고 싶은 게 있었는데요. 센터는 주로 회화 중심의 교육이라는 생각이 드는데, 영어성적 고득점자들이 많네요."

"벌써 잊으셨군요. 한국어를 잘하는 사람이 한국어능력시험을 잘 볼 확률이 높듯이 영어를 잘하는 사람이 영어성적을 높이는데 시간도 적세 걸리고 성적도 좋을 확률이 높은 법이죠. 저희는 영어의 원천기술을 코칭해 주기 때문에 나머지는 약간의 노력과 시간만 투자하면 자연스럽게 이뤄지는 결과물들이죠. 결과에 집중하는 게 아니라 그 결과는 영어라는 고질적인 문제를 해결하면 따라온다는 뜻입니다."

"아, 그렇군요. 기초공사가 잘 되면 나머지는 쉽게 된다는 말이네요."

"이해가 빨라서 좋네요. 기초체력을 향상된 상태니 다음 단계 훈련을 위한 몇 가지 고려할 사항을 언급하고자 합니다."

"메타인지가 높다는 것은 뭔가를 설명할 수 있는 능력이 있다고 이해하시면 됩니다. 단순히 암기력이 좋다거나 머리가 좋다는 말과 다릅니다. 잘 외워서 알고 있다고 해서 그 내용을 잘 설명할 수 있는 것과는 다르다고 생각하시면 됩니다. 누군가 수학 공식을 설명하는데, 어떤 사람은 같은 공식을 아주 쉽게 풀어서 설명하는 사람이 있지만, 문제는 잘 푸는데 설명은 굉장히 어렵게 하는 사람이 있죠. 누가 메타인지가 높을 것 같나요?"

"당연히 쉽게 설명하는 사람이죠."

광혁이랑 승국이가 자신 있게 대답했다.

"그렇죠. 그래서 메타인지가 높은 사람은 지식이나 정보를 아는 것과 모르는 것을 구분하고 아는 것을 자신만의 언어로 쉽게 설명할 수 있는 사람이라고 보시면 됩니다."

"그럼, 지금 영어훈련을 하면서 떠오르는 단어와 문장들이 많아지면 메타인지도 높아진다고 말할 수 있나요? 아니면 점점 기억력이 좋아진다고 해야 하나요?"

두 코치는 약간 아리송하다는 생각이 들었다.

"분명한 것은 영어훈련을 통해서 메타인지 능력이 향상되고 있다는 겁니다. 자신이 아는 단어와 문장이 늘어난다는 것이 그것을 증명하는 거니까요. 메타인지의 정의에서는 없지만, 언어를 하는 관점에서 메타인지를 확대 적용해보면, 알고 모른다는 차원이 아니라 아는 것을 입으로 표현한다는 것과 그 표현을 일상생활에서 쉽게 활용한다는 범위까지입니다."

"이것을 메타인지 활용이라고 합니다."

"영어 훈련과정에서 메타인지 향상부터 메타인지를 활용하는 부분까지 끌어올리는 것이 메타인지 코칭기술입니다. '동문서답 말하기' 코칭기술이 대표적인 예라고 할 수 있죠. 아는 것을 확인하는 것뿐만 아니라 아는 것을 활용하도록 이끌어 주는 과정까지 포함하고 있으니까요."

"이제 훈련의 단계와 흐름이 이해되네요. 일단 입으로 나올 수 있도록 훈련하고 그 과정을 얼마나 인지하고 있는지 메타인지를 통해 확인하고 얼마나 활용하는지 메타인지 활용을 통해 점차적으로 훈련의 단계가 진행된 거군요."

두 코치는 지금까지의 훈련 경험을 메타인지 관점에서 정리해보았다.

"코치님, 그럼 저희가 게임을 하지 않을 때도 연상이 되고 게임을 하는 것처럼 느끼는 것도 비슷한 기네요."

광혁이는 적절한 비유를 통해 자신이 이해하고 있는 게 맞는지 확인하고 싶었다.

"오호! 아주 잘 설명했어요, 광혁 군. 이렇게 자신이 이해하고 있는 것을 설명하는 과정에서 메타인지 향상이 발생하는 겁니다."

광혁이는 어깨에 힘이 들어갔다. 선생님도 자기에게 칭찬을 해준 적이 없었는데, 영어훈련을 하면서 자신감이 생긴 모양이다.

메타인지 향상 코칭기술의 원칙

"우리 자녀들이 자신의 생각·감정·의지를 잘 표현하는 연습을 못 했네요. 애들이 뭔가 자신의 의견을 말하려고 할 때, 자세히 들어주려고 하지 않았던 것 같아요. 늘 변명하는 것 같고, 말만 많은 것 같아서 애들 말을 의심하면서 믿지도 않았죠."

두 코치는 '메타인지'라는 단어의 이해가 두 아이의 마음을 헤아리는 데 도움이 되었다. 평소에 하고 싶었던 많은 말들을 여러 가지 이유로 들어주지 않았기에 아이들의 생각, 감정, 의지를 정확히 파악하지 못했다는 생각이 들었다. 자신의 상태를 잘 표현한다는 것이 얼마나 중요한지 새삼 느끼는 시간이었다.

"요즘 많은 교육기관에서 메타인지라는 단어를 사용하고 실제 교육 프로그램에 적용하는 사례들이 많이 늘어나고 있죠. 그만큼 보편적인 개념이 되어가고 있다고 할 수 있습니다. 그러나 많은 사람이 간과하고 있는 사실이 있습니다. 단순히 '알고 있다'는 것을 표현하거나 '모르고 있다'는 것을 아는 것으로 생각합니다. 정말 중요한 사실이 있습니다. 메타인지는 아는 것과 모르는 것 사이의 지적 간극을 좁혀주는 역할을 하지만, 더 나아가 익숙함과 익숙하지 않음 사이의 정서적 간극이나 문화적 간극을 좁혀준다는 겁니다. 특히 메타인지향상 코칭기술을 언어에 적용할 때 후자의 역할을 한다고 보시면 됩니다."

"좀 더 쉽게 설명을 해주시면 좋겠어요."

광혁이랑 승국이는 답답한 듯 쉽게 설명해달라고 보채기 시작했다.

"자, 여기 'Good morning.'이라는 문장과 'Good afternoon.'이라는 문장이 있습니다. 이 두 문장을 접할 때 모르는 단어는 없을 겁니다. 알고 있다는 것을 확인한 셈이죠. 그럼, 두 문장

중에서 어느 문장이 더 익숙할까요?"

"'Good morning.'이요."

가족이 합창하듯 이구동성으로 답했다.

"보십시오. 분명히 우리는 두 단어를 알고 있지만, 익숙함이라는 측면에서는 구분이 됩니다. 여러분은 'Good morning.'을 훨씬 더 많이 말을 해봤거나 들었을 확률이 높을 겁니다. 이것이 아는 것과 익숙함에서 오는 차이죠."

"더 나가서 'Good morning.'을 알고 있고 익숙하기도 하지만, 실제 자신이 표현할 때 문화적 차이는 또 다릅니다. 'Good morning.'을 말하면서도 어떤 사람은 글자를 전달하는 사람이 있지만, 누군가는 날씨와 자신의 감정을 정확하게 'Good morning.'이라는 단어에 감정이입을 해서 표현을 합니다."

"이처럼 언어는 사람의 상황이나 상태에 따라 생각 · 감정 · 의지가 온도를 품고 있음을 알게 해주는 바로미터인 거죠. 우리가 모국어를 사용할 때 이런 복잡한 이론과 상관없이 그냥 하면 자연스럽게 나옵니다. 이미 단어가 가지고 있는 익숙함과 문화가 포함되었기 때문이죠."

"영어도 이런 과정을 자연스럽게 거치도록 할 필요가 있고, 그것이 메타인지 향상의 기본원칙이 될 거라는 말입니다. 우리가 빠른 속도로 외우지 않고 큰 소리 리듬 읽기를 하다 보면 뇌나 입이 그 속도와 움직임에 거부반응이 없게 된 상태가 되었죠. 익숙해졌다는 말입니다. 이제 빠른 속도로 읽고 있는 그 짧은 순간에도 단어가 가지고 있는 느낌을 살리면서 읽을 수 있게 될 겁니다."

"'Good morning.'을 빠르게 읽으면서도 활짝 웃는 느낌을 살리게 될 것이고, 'Don't Scold!'(야단치지 마세요!)라는 문장을 읽을 때는 상대방에게 감정을 전달하는 느낌으로 소리치듯 읽게 된다는 뜻입니다. 빠르게 읽으면서도 다 가능합니다. 그리고 그 느낌을 '동문서답 말하기'에서 더 실감 나게 표현하는 기회를 얻는다면, 메타인지 향상 코칭이 잘 이뤄지고 있는 겁니다."

"이것이 익숙함에서 정서적 익숙함으로 넘어가는 언어적 메타인지 향상입니다. 쉽게 이해가 되셨는지 모르겠군요."

제임스, 폴 코치의 설명을 듣던 가족들은 벌써 훈련도서를 보며 각 단어와 문장의 느낌을 살려서 훈련에 적용하고 있었다. 이 광경을 설명하기란 쉽지 않다. 단어와 문장 속에 숨어있는 온갖 느낌들을 빠른 속도로 읽으면서 표현하는 과정을 즐기는 모습이나 동문서답 말하기로 실감 나게 단어와 문장을 전달하는 가족들의 풍경 속에서 친밀함과 자연스러움 그리고 사랑의 온도가 느껴졌다. 이들은 훈련을 하는지 사랑의 대화를 하는지 모를 만큼 언어적 매타인지에 흠뻑 젖어있었다.

07

단순함에 도전을 심자

Miracle English Coaching ───────

농부는 씨를 심고 가꾸고 거둘 때를 안다. 씨를 심을 때를 놓치면 한 해 농사는 허사로 돌아간다. 많은 과실을 맺기 위해 농부는 씨를 심을 땅을 정성스럽게 일군다. 땅에 자갈을 치우고 풀도 뽑고 흙을 뒤집고 물도 준다. 때론 인분을 주기도 한다. 척박한 땅을 옥토로 만들기 위한 여정이 있는 법이다. 마음이 급한 농부는 비료에 의존하며 소산물을 얻고자 하나, 이는 정말 땅을 사랑한 농부는 아니다. 무엇인가 이루고자 하는 사람은 늘 자신의 마음 밭을 가꿀 줄 알아야 한다.

'가정의 화목과 영어해방'이라는 공동의 목표를 세우고 한 걸음씩 나아가는 이 코치의 가족은 거칠 것이 없었다. 메타인지 향상 코칭기술까지 이해가 되면서 훈련의 탄력이 붙은 게 고무적이었다. 훈련을 통해 익힌 단어와 문장들로 자연스럽게 자신이 하고 싶은 말을 시작했다. 훈련 시간에만 사용했던 영어를 누가 먼저랄 것도 없이 언제든지 영어로 표현했다. 처음이라는 어색함도 익숙함이 되고, 익숙함이 감정표현까지 끌어내는 단계까지 이르자, 영어가 생활의 한 부분으로 자연스럽게 자리를 잡아가고 있었다.

한 달 후

인간은 늘 익숙함에서 느슨함과 게으름을 보게 된다. 때론 익숙함이 교만을 불러오기도 한다. 가족들이 영어의 환경에서 자연스러워지고 성장함이 보이자, 김 코치는 살짝 욕심이 생기기 시작했다. 영어가 어느 정도 되는 것 같고, 여기에 영어성적에 도움이 될 만한 것들을 채워주면 뭔가 근사한 결과물이 나올 것만 같았다. 김 코치는 며칠을 고민하다가 이 코치인 남편에서 살짝 말을 건넸다.

"여보, 이제 우리도 영어의 기초를 다진 것 같으니, 애들 유학 갈 준비도 시킬 겸 회화학원이랑 유학 준비 학원에 보내면 어떨까요? 매번 사이클 1만 가지고 훈련을 하고 있으니 지겹기도 하고, 언제까지 이렇게 하고 있나 싶기도 하고……. 좀 생각이 많아지네요."

"음, 그렇기는 한데, 제임스, 폴 코치님과 상담을 해보면 어떨까?"

"당신은, 참, 당연히 학원을 가라고 하겠어요? 말 하나 마나

지. 물론 두 분 덕분에 애들도 이제 영어에 대한 거부감도 없고 자신감이 생기게 해주신 것은 당연히 감사한 일이죠. 그렇지만 두 분이 우리를 평생 책임질 것은 아니잖아요. 모든 선택은 우리가 하는 거니 만남이 있으면 헤어짐도 있는 거죠."

생각이 서로 다르게 되자 옥신각신 말다툼이 생기기 시작했다. 며칠간의 신경전이 일어나면서 훈련도 하지 않고 대화도 단절이 되기 시작했다. 광혁이랑 승국이도 뭔가 눈치를 챘는지, 또 예전으로 돌아가는 느낌이 들어서 분위기를 살피기 시작했다.

이 코치 가족이 단체 문자 메시지에 훈련기록을 올리지 않자, 무슨 변화가 생겼음을 감지했지만, 제임스와 폴 코치는 그저 기다릴 뿐이었다. 누구든지 뜻을 세우고 가고자 하면 그 뜻을 이루기 위해 방해자가 생기기 마련이다. 그러나 사람들은 그 방해자가 자기 뜻을 이루지 못하게 한다고 생각하지만 절대 그렇지 않다. 뜻을 이룰 필요가 없으면 방해자는 생기지 않는 법이다. 아무것도 하지 않는 사람은 누구도 방해하지 않는다. 뭔가를 하고자 하는 사람한테만 방해자가 생기는 법이다. 같은 뜻을 가진 사람들이 함께 움직일 때, 방해자는 힘을 잃게 되는데, 이 사실을 알기란 하늘의 별 따기라고나 할까? 왜냐하면 매 순간 자신을 발견하기란 그렇게 어려운 일이니까.

자신을 발견하는 것만큼은 스스로 해야 하기에 제임스와 폴 코치는 간절히 기도하는 마음으로 기다릴 뿐이었다.

일주일이 흐르고, 열흘이 흘러가고 있었다. 그러던 어느 날, 광혁이랑 승국이가 울면서 센터로 찾아왔다. 뭔가 느낌이 안 좋았다. 아이들은 다짜고짜 다른 학원은 다니고 싶지 않다며 부모의 마음을 원래대로 돌려달라고 애원하고 있었다. 제임스, 폴 코치는 어떤 상황이 벌어진 것인지 대충 느낌이 왔다.

맛있는 과자와 우유를 내어 주고 아이들을 안정시키고, 두 코치에게 전화를 걸었다. 여러 번 전화했지만 연결이 되지 않자, 할 수 없이 문자로 아이들이 센터에 있다고 알리고 기다렸다. 1시간 정도가 지났을까? 두 코치는 센터로 아이들을 찾으러 왔다.

"제임스, 폴 코치님, 이렇게 폐를 끼쳐서 죄송합니다. 아이들이 여기로 올 줄은 생각을 못 했네요."

김 코치는 황망하여 뭔가에 쫓기듯 빨리 아이들을 데리고 가려고 애를 쓰는 것 같았다. 이 코치는 안절부절 어찌할 바를 모른 채 이 광경을 지켜보고 있었다. 이런 남편이 맘에 안 들었는지, 김 코치는 빨리 아이들을 데리고 가자고 남편을 채근하고 있었다.

"엄마, 아빠, 우리는 학원 안 다닐 거라고 했어요."

광혁이의 한 마디는 두 코치를 얼어붙게 했다. 터트리지 말아야 할 것이 폭로되면서 얼음물을 뒤집어쓴 것처럼 싸늘해지면서 냉기가 순식간에 퍼지는 것 같았다.

"얘는 못 하는 말이 없어. 이상한 소리 말고 빨리 가자."

김 코치는 수습하느라 정신이 없었다. 이 코치는 체념한 채 가만히 있었다. 자신이 여기 처음 왔을 때, 사죄했던 그 상황보다 더 창피하고 부끄러웠다. 처음 왔을 때 수줍어하던 김 코치의 모습은 오간 데가 없었다. 이 모든 상황을 잠자코 지켜보던 제임스, 폴 코치가 쓴웃음을 지으며 말을 하기 시작했다.

"두 코치님은 저희 눈치 보지 마시고 원하신 대로 하시면 됩니다. 다만, 저희가 마지막으로 드리고 싶은 말씀은 드리는 게 좋을 것 같네요. 마음이 가난한 사람이 믿음을 가질 수 있고 믿음이 실재가 될 수 있습니다. 마음이 가난한 것은 물질이 없음을 말하는 것이 아닙니다. 마음 안에 다른 생각들을 품지 않는 것을 말합니다. 마음에 생각이 많으면 부자 같으나, 오히려 순수하거나 단순하지 않기에 보이지 않는 것을 볼 힘을 잃게 되죠. 벌써 두 분은 아이들의 순수함을, 영어의 즐거움을, 두 분의 순수한 열정을, 가족의 화목을, 그리고 마지막으로 저희의 마음까지도 보지 못하는 어두움 안으로 들어가셨으니……. 어둠 안에서 빛을 보기란 힘들죠."

"물론 모든 결정과 선택은 두 분과 자녀들의 몫이죠. 하지만 그간 여정을 함께한 저희와 가족처럼 상의했으면 하는 바람이 있는 건 사실입니다. 이 또한 두 분의 선택입니다. 그럴 가치가 있으면 말이죠."

잠시 정적이 흘렀다. 두 코치는 서로의 눈치를 보며 어떻게 할지 고민하는 모습이 역력했다.

"저, 제 불찰이 큽니다. 아내가 학원 보내는 것으로 상의할 때 먼저 두 분과 상담하는 것을 강하게 말을 해야 했는데, 저도 잠시 머뭇거리게 되더군요."

이 코치의 말에 김 코치도 반성하듯 천천히 말을 시작했다.

"솔직히 제가 욕심이 생겼습니다. 애들이 영어가 되는 게 보이고 자신감도 생긴 것 같기도 하고, 근데, 사이클 1만 계속하고 있는 것이 시간이 아깝다는 생각이 들었습니다. 그래서 학원을 알아보고 애들한테 말을 했는데 이런 사태가 터졌네요. 부끄럽기도 하지만, 솔직한 부모의 마음이기도 합니다."

소심한 김 코치의 모습은 전혀 없었다.

"어찌 그 마음을 모르겠습니까! 사람의 마음은 하루에도 수도 없이 바뀌고 흔들리죠. 오죽했으면 사람의 마음은 갈대와 같다고 했을까요. 저희는 다른 것에 관여하고 싶은 맘은 없습니다. 다른 학원을 선택하는 문제는 여기서 논의할 것은 아니니, 좀 전에 언급하신 사이클 1만 계속하느냐는 불평에 설명은 해야 할 것 같네요."

제임스, 폴 코치는 어떤 감정의 흔들림 없이 차분히 코칭을 해나갔다.

"지금까지 사이클 1만 하는 이유는 아주 분명합니다. 처음부터 말씀드렸던 것을 실제화하기 위한 과정에 있죠. 언어적 사고 장치를 심기 위해서 사이클 1으로 씨앗이 되는 단어와 문장을 심고 있는 겁니다. 언어적 사고 장치를 심는다는 건 엄청난 일이지만, 그 엄청난 일을 하기 위해서는 극도로 단순한 과정을 이겨내는 도전을 거쳐야만 하죠."

"우리 아이들이 처음 엄마라는 단어를 입 밖으로 내뱉게 된 그 순간부터 언어적 사고 장치가 작동하면서, 많이 사용하는 단어와 문장들이 씨앗으로 형성되기 시작하죠. 그러나 외국어는 이와 반대입니다. 씨앗이 되는 단어와 문장을 통해서 언어적 사고 장치를 심어야 합니다. 24시간 영어를 사용하고 있는 상황이 아닌 환경이기 때문이죠. 그래서 지금 훈련하고 있는 사이클 1이 갖은 의미는 그만큼 중요한 겁니다."

두 코치가 이해했을지는 알 길이 없다. '소귀에 경 읽기'라는 말이 그냥 있는 것은 아니니까. 아무리 쉬운 말도 주관적으로 체험하지 않으면 그 말은 결코 쉬운 말이 아니다. 제임스, 폴 코치는 이해하든 못하든 목표를 향해 진정성을 가지고 간절하게 말하는 것 외는 없었다.

"그렇군요. 저희가 중요한 것을 소홀히 했군요. 지겨움과 느슨함이 불러온 참사군요."

김 코치는 고개를 들 수 없었다.

"왜 단순함에 도전이 절실한지 이번 기간에 알게 되었다면 큰 수확을 얻으신 겁니다. 단순함에는 창조성의 비밀을 담고 있기에 단순함에 도전을 심지 않고서는 그 길을 가기란 어려운 겁니다. 우리는 늘 생각하고 후회하죠. '내가 그때 그 일을 지금도 하고 있었다면' 혹은 '끝까지 했었다면 지금의 모습은 아닐 텐데'와 같은 말을 하면서 지난 과거에 하지 못했던 자신을 아쉬워하며 후회하죠. 지금도 똑같은 일이 벌어지고 있는 겁니다."

"잠시 제정신이 아니었네요. 제 욕심이 일을 그르칠 수 있다는 것을 아이들과 두 분을 통해서 알게 되었습니다. 정말 죄송합니다. 학부모가 아닌 영어코치가 되고 싶었던 초심으로 돌아가도록 하겠습니다. 한 번만 더 용서를……."

"저희가 무슨 용서를 할 것이 있겠습니까! 광혁이랑 승국이의 마음을 잘 헤아리시고 두 분도 무엇 때문에 우리가 이런 코칭을 받고 있는지 본질적인 부분부터 생각해보시면 좋을 것 같습니다. 우리는 단순히 영어를 하는 학생을 만들고자 하는 게 아닙니다. 두 코치분이 영어의 한을 풀기를 바라고 그 한(恨)이 더 이상 대물림되지 않기를 바라는 마음입니다. 특히 김 코치님은 자녀를 위해 더욱 진정한 영어코치가 되기를 원합니다."

김 코치는 자신의 바닥을 보인 것이 못내 마음에 걸렸다. 광혁이와 승국이는 제임스, 폴 코치와 포옹을 하고 귓속말로 '감사해요'라고 속삭이고 웃으며 두 코치와 함께 집으로 향했다. 제임스와 폴 코치는 이 가정이 무사히 영어코치 과정을 완주하기를 바랄 뿐이었다. 그 길을 방해하는 것은 외부에 있는 것이 아니라 바로 자신이라는 것을 아는 날이 하루속히 왔으면 하는 간절함 마음이 생겼다.

08

TOL Speaking Tree로
문법의 벽을 넘다

Miracle English Coaching

길은 사람들이 다녀서 만들어지는 것이 아니라 길을 본 사람의 흐름 가운데 길이 만들어진다. 길이 있어서 흐르는 것이 아니다. 누구든지 흐름을 느끼고 실재를 만들어내는 경험이 필요하다. 다 인생을 살지만 한 사람의 진정한 삶을 살고 싶은 마음이 있다. 다만, 그 간절함의 차이가 길을 만드는 것이다.

그날 이후, 두 코치와 자녀들은 센터를 부쩍 자주 오기 시작했다. 자신들의 마음을 행동으로 보여주고 싶었는지도 모른다. 광혁이랑 승국이는 센터에 오면 스스로 자신들의 훈련목표를 정하고 그 목표를 달성할 때까지 승부욕을 불태우는 모습이 좋아 보였다. 센터에 있는 다른 또래들과 친해지면서 더욱 즐겁게 영어를 하다 보니 원어민과도 한두 마디 하던 차원에서 1분, 2분씩 대화하는 시간이 늘어나기 시작했다. 원어민과 말을 하는 자신의 모습이 얼마나 신기했을까? 두 코치도 센터에서 훈런하면서 자신의 훈련 상황을 더욱 긴밀하게 짚어보는 모습이 사뭇 진지했다.

영어 훈련에 임하는 자세가 진지해졌다는 것은 상당히 고무적인 현상이다. 진지함에는 다음 여정의 문을 여는 힘이 있다. 어쩌면, 그 문을 보는 눈을 갖게 할지도 모른다. 삶의 여정 중에 겪는 실수와 잘못은 그 사람을 순수하게 만드는 힘이 있으니까.

문법이라는 장애물을 만나다

파닉스, 단어, TOL Speaking Tree, 회화, 문장이라는 사이클이 점점 빨라지더니 드디어 13~17분대 훈련기록이 나오고 메타인지 향상도 70% 정도에 이르렀다. 놀라운 발전이다. 가족이 이런 훈련성과를 내기란 쉽지 않다.

그러던 어느 날, 이 코치와 광혁이가 풀리지 않는 숙제가 있다며 자신들의 훈련도서와 체크리스트를 챙겨서 가족과 함께 원장실을 찾아왔다. 다 함께 코칭을 받고 싶은 마음이었다. 이 코치가 입을 열었다.

"코치님께 질문이 생겼습니다. 현재 기록이나 메타인지에 대한 만족도는 좋은 편입니다. 다만, 문법에 대한 확실한 느낌이 오질 않아서 어떻게 해야 할지 모르겠더군요. TOL Speaking

Tree 부분은 한글 부분도 아직 이해가 안 되는 면도 있지만, 패턴 예문을 읽으면서도 잘 정리가 안 되더군요. 저만 그런 건지?"

이 코치는 다른 가족들의 반응을 살피며 말을 건넸다. 광혁이는 이 코치의 반응에 적극적으로 호응했고 나머지 두 명은 아직 그런 어려움을 겪지는 못한 눈치였다.

"훈련을 잘하니 좋은 질문들이 생기는군요. TOL Speaking Tree 훈련의 첫 단계는 한글 부분과 패턴 문장이 자연스럽게 입에서 나오는 것이 필요합니다. 다음은 한글 부분의 설명이 패턴 문장에서 어떻게 적용되고 있는지 보이게 되는 단계입니다. 이 두 번째 단계를 제대로 훈련하면 회화와 문장 파트의 구문들이 패턴 문장구조 틀 안에서 자동으로 분석되는 경험을 하게 됩니다. 이 코치와 광혁 군은 첫 단계와 두 번째 단계의 과도기에 있는 상태죠. 예를 들면서 단계별로 어떤 흐름의 인식이 생기는지 말씀드리죠."

제임스와 폴 코치는 훈련도서의 TOL Speaking Tree 파트를 같이 보면서 설명하기 시작했다.

[패턴 문장 예문] * 교재 문법 파트

I like cats.
I like cats with white color.
I like cats that have white colored fur.

[회화 문장 예문] * 교재 문장 파트

040

I made a mistake.

I made a mistake.
제가 실수했습니다.
I made a mistake.

056

I enjoy exercising.

I enjoy exercising.
운동하는 것을 좋아해요.
I enjoy exercising.

060

I like Mariah Carey.

I like Mariah Carey.
저는 머라이어 캐리를 좋아해요.
I like Mariah Carey.

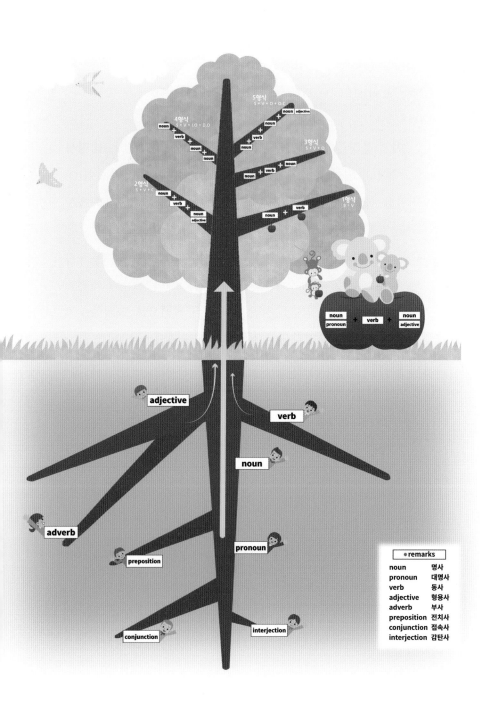

[전래동화 예문]

they agreed that the Fox should choose the course and fix the goal.

"여기 문장들을 살펴봅시다. 'I like cats'를 보면 'I'는 대명사고 주어(S) 역할을 하고 있습니다. 'cat'은 명사이고 목적어(O) 역할을 하고 있습니다. 명사와 대명사의 품사가 문장 속에서 무슨 역할을 하는지 확인할 수 있죠. 다음 문장을 보시면 같은 문장에 'with white color'라는 구(2개 이상의 단어가 모여서 하나의 품사와 역할을 하는 것)가 있습니다. 이 '구'는 문장의 패턴에 아무런 영향을 미치지 않지만, 'cat'을 구체적으로 수식해주고 있습니다. 이처럼 명사의 성질, 상태, 수량 등을 나타내는 품사는 뭐죠?"

"형용사입니다."

광혁이가 힘차게 대답했다.

"맞습니다. 여기 구가 형용사 역할을 한다고 하면 무슨 구가 될까요?"

"그럼, 형용사구가 되는 건가요?"

이 코치가 말을 이었다.

"맞습니다. 명사의 상태, 성질을 나타내는 품사를 형용사라고 하고 2개 이상의 단어가 모여서 형용사의 성질을 가질 경우는 형용사구라고 하는 겁니다. 이어서 다음 문장을 보도록 하죠. 두 번째 문장과 공통점은 'cat'을 구체적으로 수식해주고 있다는 점이죠. 다른 점은 세 번째 문장은 'that have white colored fur'라는 문장 안에 동사가 또 있다는 점이 다릅니다. 'cat'을 수식하는 문장 안에 주어와 동사가 있는 경우를 '절'이라고 합니다. 이 '절'이 'cat'을 수식하고 있죠."

"여기서 퀴즈를 하나 낼 겁니다."

"'that have white colored fur'는 무슨 절이 될까요?"

잠깐의 정적이 흐르다 김 코치가 손을 번쩍 들며 소리쳤다.

"형용사 절입니다. 두 번째 문장처럼 구가 명사를 수식하는 것을 형용사구라고 했으니, 이번에는 절이 명사를 수식하는 것이니 형용사 절이 맞는다는 생각이 듭니다."

모두 고개를 끄덕이며 박수를 쳤다.

"역시, 가족 모두 똑똑하시네요. 이제 뭔가 느낌이 오실 겁니다."

코치의 설명을 들으면서 한글로 소리 내서 읽었던 품사가 뭐고 품사의 역할이 뭔지 이해가 되기 시작했다.

"이해가 된 듯 보이니 설명을 좀 더 할게요. 예를 든 회화 문장을 보면 제가 설명을 하지 않아도 감이 오시죠. 아주 기본적인 패턴의 문장이구나 싶을 겁니다. 전래동화 문장도 함께 봅시다. 'agree'라는 동사를 주어와 동사를 포함한 '절'이 설명해주고 있죠. 이제 전체적인 흐름이 보일 겁니다."

"패턴 구조의 핵심은 품사와 품사의 역할, 확장해서 생각하면 구와 구의 역할, 절과 절의 역할을 정확하게 이해하면 대부분의 문장 구조는 이해하기 쉬워집니다. 지금부터 TOL Speaking Tree의 진수를 보게 될 겁니다."

"여기 나무 이미지를 봅시다."

"나무는 물관과 체관으로 구성된 뿌리로 수분과 영양분을 흡수해서 줄기를 거쳐 각 가지에 공급하는 순환을 통해 열매를 맺게 됩니다. '영어 말하기와 글쓰기' 열매도 이와 마찬가지입니다. 뿌리는 8품사라는 세부 줄기로 나눠집니다. 메인 줄기는 대명사. 명사와 동사로 구성되어 있죠. 명사와 대명사와 그리고 동사가 연합해서 영양분을 조성하면 나머지 품사들이 필요에 따라 수분처럼 흡수되어 여러 패턴의 과실을 맺게 됩니다. 뿌리의 세부 줄기가 어떻게 비치된 상태인지 보이시죠. 명사와 대명사 줄기가 나가면 뒤따라서 동사가 붙고 다음에 형용사와 부사가 붙게 되죠. 뿌리의 세부 줄기의 위치가 문장을 구성하는 품사의 위치를 형성합니다."

"훈련 중에 이런 것들이 보이기 시작하면 문법의 절반은 이미 끝난 상태가 됩니다."

제임스와 폴 코치의 설명을 다시 자세히 들으면서 두 코치와 자녀들은 눈이 반짝이기 시작했다. 문법을 이런 식으로 설명하는 게 쉬운 일도 아니지만, 훈련하면서 익혀진 문장을 중심으로 TOL Speaking Tree에 적용해보면 상당히 쉽게 문법을 이해할 수 있었다. 말을 하고 글을 쓰는데 특화된 문법구조라는 생각이 들기 시작했다.

말하는 것은 쓸 수 있다

설명을 듣고 보니 TOL Speaking Tree는 신기한 이미지였다. 나무가 문법을 대신한다는 것도 신기하지만, 어린나무나 아름드리나무도 똑같은 구조로 되어 있다는 사실과 물과 양분의 순환만 매일 이뤄지면 어린나무는 반드시 거목이 될 수 있다는 것이 분명하다. 다만, 양분과 수분의 양의 차이와 살아온 경륜의 차이만 있을 뿐이다.

"저희가 훈련을 하니까 이런 부분들이 쉽게 이해가 되는 것 같아요. 처음 훈련요령을 알려주실 때도 언급은 하셨던 것 같은데, 오늘 설명을 들으니 새삼 더 이해되는군요."

온 가족이 문법이라는 것이 이렇게 쉽게 정리될 거라고 생각하지 않았다. 참 신기했다.

"우리는 모국어를 사용하면서 문법적 지식은 없어도 말을 하는데 전혀 지장을 받지 않습니다. 저희 방식이 좀 더 특별한 부분이 있다면, 씨앗이 되는 단어와 문장을 언어적 사고 장치로 심기 때문에 말하기와 글쓰기가 모두 가능하다는 점이 다르죠. 말하는 문장은 다 쓸 수 있게 된다는 사실입니다. TOL Speaking Tree는 한글 부분과 패턴 문장 그리고 나무 이미지를 통해 언어적 사고 장치를 심어주고 말하기와 글쓰기가 동시에 가능하도록 개발되었다는 것이 최고의 특징입니다."

"영어 문법은 정말 싫었는데, 제가 말하고 훈련하고 있는 모든 문장이 문법의 기초를 완성해준다고 생각하니 막 흥분돼요."

막내 승국이가 활짝 웃으며 말을 했다. 아직 어리지만, 언어에서는 절대 어리지 않았다. 네 명의 가족 중에서 훈련 기록이 가장 좋은 게 승국이었다.

"저희는 꼭 영어코치가 될 겁니다."

"저희도 학생 영어코치가 될 겁니다."

모든 가족이 파이팅을 외치며 제임스, 폴 코치에게 최고라며 엄지를 척 세웠다. 훈련의 과정을 거치면서 조금씩 전진하는 모습이 좋았다. 온갖 시련을 거친 사람은 단단해지기 마련이다. 게으름과 느슨함, 자녀를 위한 욕심이라는 내면의 싸움이 늘 도사리고 있지만, 훈련의 즐거움으로 그 파고를 넘어갈 수 있기를 희망하며……

09

의식훈련 _ 비행기는
땅의 저항을 이겨내야 이륙한다

Miracle English Coaching ─────────

언어의 성장은 대나무와 같다고 한다. 혹자는 콩나물에 물 주기와 같다고도 한다. 이런 상반된 표현은 무엇을 의미할까? 대나무는 수년을 땅속에서 준비하는 과정을 거친다. 땅 위로 나온 순간 엄청난 속도로 자란다. 콩나물 물 주기는 어떤가? 콩나물시루에 물을 부어도 물은 계속 흘러내리고 만다. 흘러내림 속에 콩나물의 성장이 있다. 언어는 '기다림과 흐름 속에 성장'이라는 속성을 모두 가지고 있다. 우리가 언어습득의 어려움을 호소하는 이유가 이런 양면성 때문이다. 상대를 알아야 백전백승을 하는 법.

우연처럼 찾아온 방송 인터뷰

One-day Coaching Center는 오늘도 사람들로 북적북적하다. 홍보도 하지 않는 곳에 사람이 모이는 곳은 음식점 말고 있을까? 영어를 먹는 것으로 착각하지 않은 한 이런 기이한 일이 일어나고 있다니…….

'영어가 쉽다'라는 말이 이제는 보편화 되고 있는지 사람들이 의식이 전환되고 있다는 생각이 들었다. 센터에 오기만 하면 영어 울렁증이나 한(恨)이 서린 사람들의 입에서 영어가 봇물 터지듯 나오니 사람들도 믿지 않을 수가 없었다. 사람들의 입소문은 언론이나 방송사의 관심거리가 되기에 충분했다. SNS, 파워 블로거 그리고 각종 방송 채널들은 앞다퉈 취재를 요청하기 시작했다. 제임스와 폴 코치는 솔직히 떠들썩하게 세상에 알리고 싶지 않았다. 물론 〈영어 대중화〉라는 시대적 사명감은 가지고 있지만, 충분히 영어코치들이 양성되지 않으면 한낮 일장춘몽에 불과할 거라는 확신이 있었기 때문이다.

그러던 어느 날, 희귀한 일이 벌어지고 말았다. 말레이시아 학생들이 한국의 교육문화를 체험하기 위해 방문하게 되면서 사건의 발단이 되었다. 100명의 학생이 한국 교육을 체험하고자 방문한 학교가 하필이면 광혁이가 다니고 있는 학교였다. 100명 학생과 인솔자 그리고 학교 관계자까지 상당히 많은 인원수와 국내외 취재진까지 학교 전체가 들썩거렸다. 2박 3일간 일정으로 시작된 행사에서 통역할 친구가 하루 만에 급성-맹장으로 병원에 입원하게 되면서 통역할 친구를 구하지 못하자, 광혁이가 자원하게 되었다. 광혁이는 특유의 친화력으로 말레이시아 학생들과 금방 친해지면서 학생들과 영어와 한국어를 사용하면서 독특한 통역을 하면서 취재진의 관심을 받기 시작했다. 말레이시아 친구들에게 한국어를 알려주고 한국 학생들에겐 영어를 알려주면서 학생들끼리 서로의 언어를 배우며 즐거운 문화체험을 할 수 있었다. 서로의 언어를 가르쳐 주는 과정에서 광혁이는 마치 영어 코치이면서 한국어 코치가 된 기분이었다. 코칭 방식은 지금까지 자신이 익혔던 방식을 그대로 적용했다.

한국 학생들에겐 'friend - friend - 친구 - friend', 말레이시아 학생들에겐 '친구 - 친구 - friend - 친구'를 외치면서 서로에게 하고 싶은 말을 정리해서 영어와 한국어로 서로 배울 수 있도록 표로 만들어서 연습하는 광경을 보게 되었다. 이런 모습을 지켜본 국내외 취재진은 독특한 방식의 언어습득에 관심을 두기 시작했고, 광혁이를 인터뷰하면서 One-day Coaching Center의 존재가 세상에 더욱 드러나기 시작했다.

광혁이는 인터뷰를 하고 학교에서 스타가 되었고 많은 사람이 센터에 전화를 하게 되면서 제임스와 폴 코치도 돌발 상황을 접하게 된 셈이다. 결국, 한 공중파에서 광혁이 가족과 함께 One-day Coaching Center에서 인터뷰를 진행하게 되었다. 송곳은 주머니에 넣어도 그 끝이 드러나기 마련이다.

방송국 장비와 차량, 리포터와 센터 회원들까지 북적대는 상황에서도 이 코치 가족과 제임스, 폴 코치는 차분한 가운데 인터뷰를 기다리고 있었다. 물론 광혁이는 촬영 경험자라 좀 흥분된 상태에서 리포터의 질문으로 촬영은 시작되었다.

"사전 조사를 통해 알게 된 사실인데요. 6개월이면 영어의 원천기술을 익힐 수 있다고 하던데요. 정말 가능할까요? 이제까지 영어를 해왔지만 그런 사례가 없었다고 생각합니다만."

첫 질문부터 다소 자극적인 질문이었다.

"우리가 언어를 하는 목적이 초심에서 벗어나 시험과 학문으로 흘렀기 때문이죠. 아이가 언어를 배우는 과정을 압축해서 정확하게 씨앗이 되는 단어와 문장을 통해 언어적 사고 장치를 심기만 하면 그때부터 언어는 원하는 대로 확장이 가능합니다. 그것이 언어의 원천기술이죠."

"언어적 사고 장치를 심은 기간이 6개월이란 말씀이시군요?"

"그렇죠. 여기 광혁 군은 아직 6개월이 되지 않았지만, 훈련량이 많아서 기간이 더 단축되었을 겁니다."

리포터와 촬영하는 모든 사람이 광혁 군을 향해 시선이 집중되었다.

"전, 영어가 이렇게 재미있는 줄 몰랐어요. 영어를 외울 필요가 없고 게임 하듯이 한다면 대한민국의 모든 학생이 영어가 쉬워질 거라고 생각해요."

"자신감이 대단하군요. 이번엔 자녀분의 부모님께 여쭤보겠습니다. 두 분도 여기에서 영어훈련을 하고 있다고 들었습니다. 해보시니 어떠신가요?"

"제 자식이 말씀드렸듯이, 저 또한 회사에서 많은 압박을 받으며 영어를 잘해보려고 온갖 방법을 찾았지만, 결국 실패를 했죠. 그런데, 여기에선 제가 실패했던 모든 방법과는 상관없이 할 수 있는 방법이 있다는 게 신기했죠. 실제 해보면서 제 입에서 영어가 무의식으로 나오기 시작했다는 것이 그저 행복할 따름입니다."

"아무리 인터뷰라지만, 너무 좋은 말씀만 하시는 것은 아닌지요? 하하하."

"저도 한 말씀 드리고 싶네요. 저희는 영어를 통해 가정이 회복되었답니다. '옛 영어'라는 굴레에서 벗어나면서 '새 영어'로 애들과 더욱 가까워졌습니다."

"영어를 언어라는 사실 그대로 받아들이도록 훈련할 수 있어서 감사하죠."

리포터의 반응에도 아랑곳하지 않고 가족들은 자신들의 할 말을 했다.

"두 분은 영어 대중화라는 말을 자주 하셨다고 하더군요. 한국에서 영어가 대중화되지 않았다는 뜻인가요? 영어가 어디든지 보이는데 말이죠."

"영어 대중화나 대중음악이나 비슷한 의미 아닐까요? 대중에게 음악은 누구나 따라 할 수 있는 거죠. 물론 영어는 사방에 널려 있습니다. 그렇지만, 내가 영어로 쉽게 말을 하지 못한다는 것이 문제죠. 대한민국 국민 대부분이 영어를 쉽게 사용하게 될 때 영어 대중화라는 말이 실재가 되겠죠."

"영어가 6개월에 가능하다면 어떻게 그것이 가능한지 시청자들에게 팁을 줄 수 있을까요?"

"쉽지만 어려운 질문입니다. 우선, 기존의 모든 영어학습법을 버려야 합니다. 다 비워진 상태에서 전속력으로 제한된 기간 안에 일정량의 단어와 문장을 언어적 사고 장치로 심어야 합니다. 이것이 첫 번째 코칭 단계인 의식훈련입니다."

"좀 더 쉽게 설명을 해주시면 어떨까요?"

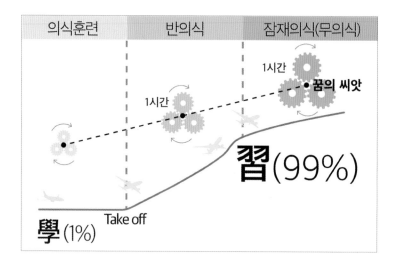

"의식훈련은 비행기가 활주로를 출발해서 이륙할 때까지를 말합니다. 비행기가 이륙하기 위해서는 3.3Km라는 활주로가

끝나기 전에 전력 질주로 땅의 저항을 이겨내야 하죠. 영어도 마찬가지입니다. 씨앗이 되는 단어와 문장을 언어적 사고 장치로 심기 위해서는 일정 기간 동안 '외우지 않고 빠른 속도로 큰 소리 리듬 읽기'를 의식적 훈련을 통해 옛 습관과 고정관념을 벗겨내야 합니다. 옛 습관과 고정관념을 벗겨내는 것이 땅의 저항을 이겨내는 것과 같죠."

"의식적 훈련의 목적은 무의식으로 잠재의식에서 자연스럽게 훈련한 행동들이 나오도록 하는 것입니다. 여기서 일정 기간은 60일 정도에 해당합니다. 이 기간 동안 일정한 습관을 반복하면 새로운 습관이 형성되기 때문이죠."

"땅의 저항, 즉 옛 습관과 고정관념을 벗어나는 유일한 길이죠. 이때 반드시 이 길을 함께 가줄 코치가 필요합니다. 헬스장이나 운동경기의 코치가 있는 것처럼 말이죠."

"이제야 좀 쉽게 이해가 되는군요."

리포터도 이해가 되었다는 듯 수긍하기 시작했다.

"저희도 60일쯤 지나니까 조금씩 자동으로 훈련하는 습관이 형성되기도 하고 영어가 입에서 흘러나오기 시작했던 것 같아요."

이 코치의 가족들도 한 마디씩 거들었다.

10

반의식 훈련 _ 공기의 저항과
연료는 함께 소진되어야 한다

Miracle English Coaching

나를 만드는 것은 의식일까? 행위일까? 관념적 질문일지도 모른다. 그러나 인간의 타락은 의식이라는 생각에서부터 시작되었다. 그 생각이 감정을 자극하고 감정은 의지를 움직이기 마련이다. 이때부터는 생각은 의지를 붙잡기가 힘들어진다. 모든 것이 끝났을 때, 그때야 비로소 후회라는 생각을 하게 된다. 인간이 타락한 후 갖게 된 사고의 알고리즘이라고 할까?

"이제 다음 단계가 궁금하군요. 아마 시청자들도 저와 마찬가지일 겁니다."

"두 번째 단계는 반의식 훈련단계라고 하죠. 비행기는 땅의 저항을 벗어나 이륙했지만, 여전히 공기라는 막강한 저항 세력을 만나게 됩니다. 이 존재는 눈에 보이지 않죠. 하지만, 연료를 사용하지 않고는 도저히 뚫을 수 없는 강력한 힘을 가지고 있습니다. 목표와 꿈을 향해 전진할 때 보이지 않지만 존재하는 모든 부정적인 요소들이라고 생각하시면 됩니다. '할 수 있을까?, 지루하다, 실패하면 어떻게 하지?, 남들과 다른 방법인데 정말 성공할 수 있을까?' 등의 모든 내면의 부정적 자아가 당신과 싸워야 할, 보이지 않는 존재입니다."

"이 상대는 자신이면서도 자신이 아닐 수 있기에 정말 어려운 상대죠. 어려운 상대이다 보니 싸울 열정이 필요합니다. 이 열정은 긍정적인 자아에서 비롯된 또 다른 내면의 자아죠. 수많은 실패가 성공을 낳을 수 있도록 실패 속에 숨겨둔 보석과도 같은 존재 인 거죠. 이런 보석과 같은 존재를 인식하지 못하면 끝난 상태죠. 인식했더라도 긍정적 자아를 사용할 줄 모른다면 이 또한 비극이죠."

"비행기는 정상적인 궤도를 오르기 전까지 모든 연료의 70~80%를 사용한다고 합니다. 그만큼 공기의 저항이 만만치 않다고 보시면 됩니다. 긍정적 자아는 부정적 자아보다 훨씬 에너지 순도가 높고 생명력이 강합니다. 지식이 생명에 미치지 못하는 것과 같습니다. 부정적 자아는 인생에서 죽음과 실패와 두려움을 끌고 오지만 긍정적 자아는 삶의 생명과 빛과 기쁨과 평안을 가져오죠."

"영어를 하는데, 철학 강의를 듣는 기분이군요. 역시나 좀 쉽게 설명해야 할 것 같네요."

리포터는 살짝 짜증이 났다.

"의식 훈련을 통해 메타인지 향상 코칭기술을 접목한 반의식 훈련의 성과는 한 마디로 훈련한 내용이 입에서 90% 이상 나오기 시작한다는 것이죠. 그것도 의식 너머 반의식 상태에서 말이죠. 이렇게 되기 위해서 자신과 싸우는 힘겨운 전쟁을 해야 한다는 것입니다."

"'동문서답 말하기', '1분 말하기', '3분 말하기', '묻고 답하기', '플래시 카드 말하기', '한 단어 말하기', '두 단어 말하기'와 같은 메타인지 향상 코칭을 하다 보면 반의식 상태에서 단어와 문장들이 막 나오기 시작합니다."

"여기서 엉뚱한 질문 하나 하고 싶군요. 방금 하신 말씀대로라면 뭘 하든지 자신의 내면 안에서 일어나는 싸움은 계속해야 하는 거 아닌가요?"

리포터는 이해할 수 없다는 듯 퉁명스럽게 질문을 던졌다.

"그렇죠. 정확하게 보셨습니다. 우리는 뭘 하든 이런 과정을 겪게 되죠. 영어 코치라는 존재가 없다면 자기 스스로 코칭 할 상위 1%만 할 수 있는 일이 되고 말겠죠. 영어코치는 이런 과정을 전문적으로 훈련받고 양성된 코치들입니다. 여기 두 코치분들도 자신과 자녀들의 영어를 위해 스스로 영어코치 과정을 거치고 있는 상황입니다. 코치는 피코치자가 그 길을 갈 수 있도록 격려하고 응원하며 때론 묵묵히 기다려 주는 사람입니다. 자신과 싸우고 있을 누군가를 위해 함께 그 길을 동행해주는 사람입니다. 이 반의식 훈련 단계가 가장 힘들고 지루한 과정이라서 코치의 역할이 그만큼 중요합니다."

"영어코치가 영어 선생님이나 영어 강사와는 다른가 보군요."

"그렇죠. 다르죠. 이 부분은 방송 상으로 할 이야기는 아닙니다. 영어 선생님과 영어 강사분들은 다 훌륭하고 실력이 좋습니다. 우리나라의 영어는 강사진의 역량과 능력이 문제가 아닙니다. 영어를 익혀야 할 대상자가 시간 안에서 많은 영어를 할수 있도록 이끌어 주는 사람과 환경이 필요했다는 말은 하고싶을 뿐입니다."

민감한 질문을 잘 피한 듯했다.

"영어코치를 통해서 의식 훈련과 반의식 훈련을 소화하면 나머지 훈련은 어떻게 되는 거죠?"

리포터는 이 부분도 상당히 궁금했다.

"우선, 반의식 훈련성과의 어디쯤에서 잠재의식 상태의 훈련으로 넘어가는지 알아야 합니다. 다양한 메타인지 향상 코칭기술을 통해 계수적인 측면에서 90% 이상이 측정되면 무의식 상태로 전환이 되고 있다는 사실을 느낍니다. 왜냐하면 자신과 싸움에서 스스로 이겼음을 인지하게 되기 때문입니다. 이때부터는 쉽게 무너지지 않습니다. 자신감이 교만이 되지 않은 한 말이죠."

"다양한 메타인지 향상 코칭기술이라는 것을 세부적으로 설명하시면 어떨까요?"

"아, 그 부분은 설명하기엔 많은 시간이 요구됩니다. 설명하기 위해서는 훈련도서를 통해 훈련을 같이 해봐야 가능한 부분입니다. 혹시 나중에 방송을 추가로 요구하시면 그때는 미니 훈련도서를 준비해서 같이 해보는 것도 좋을 것 같네요."

"코치님, 저희가 메타인지 향상 코칭기술을 경험한 것을 시범으로 보여 드릴까요?"

갑자기 이 코치의 제안을 하는 바람에 당황스러운 상황이 있었지만, 가족들이 그간 훈련한 것을 보여주고 싶어 한다는 느낌이 들어서 제임스, 폴 코치도 잠자코 있었다. 이 코치는 광혁이와 짝을 이루고 김 코치는 승국이랑 짝을 이룬 상태로 눈 신호와 함께 '동문서답 말하기'를 하기 시작했다. 서로 자신이 하고 싶은 말을 하는데, 그 속도가 정말 빨랐다. 현장 사람들은 눈이 휘둥그레지기 시작했다. 영어가 쉴 새 없이 입에서 나오고 무슨 뜻인지 생각할 여지를 주지도 않았다. 1분 정도 '동문서답 말하기'를 하더니 이번에는 '한 단어, 두 단어 말하기'를 하기 시작했다. 인터뷰를 하고 있는 자신들의 기분과 느낌을 한, 두 단어로 표현하고 메타인지 향상 코칭기술이 뭔지를 쉽게 영어로 설명하는데, 촬영하는 모든 사람이 신기해하기도 하고 웃기도 하고 영어하는 모습을 보면서 이렇게 즐거운 모습을 보기란 쉽지 않았다.

누군가가 영어를 하면 부러워하거나 싫어하는 것이 일반적인 반응인데, 저런 식으로 하는 영어면 누구든지 해볼 만하지 않을까 하는 공감대를 만드는 깜짝쇼와 같았다. 리포터도 즐거웠는지 PD와 신호를 주고받으며 뭔가 조율하는 느낌이 들었다.

"생방송의 진미를 느낄 수 있는 시간을 만들어 주셨네요. 저희가 다음 방송 스케줄을 잡도록 하는 마력이 있는 영어 수업이네요."

"저희처럼 영어를 즐기면서 누구든지 할 수 있기를 바랍니다. 우리 대한민국도 세계적으로 경쟁력이 더 높아지지 않을까요. 유대인처럼 말이죠."

이 코치네 가족은 마치 작정하고 나온 사람들처럼 인터뷰를 즐기고 있었다.

11

잠재의식 훈련 _
제트기류는 언어해방이 준 선물

Miracle English Coaching

자신을 다룰 수 있다는 것은 신과 함께 있을 때만 가능하다. 신이 인간을 만들었기 때문이다. 신은 인간이 신의 존재를 발견하고 인간의 마음 안에 함께 존재하며 서로 사랑하면서 세상을 통치하고 싶었다. 신의 마음을 경험한 인간은 신과 함께 사랑하면서 사랑하는 신의 성품을 닮게 되지 않을까? 미치지 않고는 알 수 없는 신과 자신과의 관계일지도 모르겠지만….

"좋은 시범을 보여주신 것 같네요. 지금 보여준 것이 반의식 훈련인가요? 아니면 잠재의식 훈련인가요?"

리포터는 다시 질문을 하기 시작했다.

"여기 가족이 보여준 시범은 반의식과 잠재의식의 과도기 현상을 보여드린 거죠. 완전히 잠재의식으로 전환되면 짧은 시간 안에 훈련한 내용의 단어와 문장이 생각할 틈도 없이 입에서 쏟아져 나올 뿐만 아니라 씨앗이 된 문장에 새로운 단어들을 치환하면서 새로운 문장들을 구사하게 됩니다. 앞에서도 말씀드렸듯이, 비행기는 연료를 거의 소진해서라도 공기의 저항을 이겨내야 할 뿐만 아니라 정상 궤도까지 올라가야 합니다. 정상 궤도에 이르게 되면, 저항의 대상이었던 공기가 강력한 지원자로 바뀌게 됩니다. 비행기는 제트기류라는 공기의 흐름이 연료를 사용하지 않고도 빠른 속도로 비행할 수 있도록 도와주죠."

"이처럼 저희 영어 훈련방식을 경험한 사람들은 각자가 정상 궤도에 이르는 어느 날이라는 One-day가 있기 마련입니다. 그날에는 자신을 붙잡고 방해하던 부정적 자아가 소멸됩니다. 더이상 방해할 명분과 핑곗거리를 찾지 못하게 되는 거죠. 영어의 해방을 방해하던 부정적 자아에서 벗어나는 날, 강하게 움켜쥐던 자아가 손을 놓는 순간 가속도가 붙죠. 마치 비행기가 제트기류를 탄 것처럼 말이죠."

"재미있는 비유군요. 그럼, 제가 한글을 편하게 하는 것과 같은 느낌으로 영어를 하게 된다는 말인가요? 6개월 만에?"

"너무 가셨네요. 아이들이 5-7세 정도만 되면 우리말을 아주 잘합니다. 그렇다고 이 아이들이 한글을 다 아는 것은 아니죠. 여전히 관습적이고 문화적인 접촉이 부족한 상황이기 때문에 언어의 내면적인 표현은 어렵죠. 그러나 자신이 하고 싶은 말을 얼마든지 가능한 수준이죠. 이미 언어적 사고 장치가 심어지면 그다음부터는 자신이 하는 만큼 언어는 성장하기 마련입니다. 그 기간을 저희는 6개월로 잡고 있는 거죠."

"아! 그렇군요. 센터 운영에는 도움이 안 되시겠네요. 이건 경영상의 질문입니다."

"초면에 걱정까지 해주시고 감사합니다. 저희는 실재를 통해 대한민국에 영어 대중화가 실현되길 바라는 사람입니다. 선한 뜻을 가지고 있으면 누군가가 도와주지 않겠습니까!"

제임스, 폴 코치는 그저 웃을 뿐이었다. 빈곤의 지하실까지 갔다 왔던 사람들이라 아무런 고민이 없었다.

"대한민국의 영어 대중화라는 문구가 가슴에 새겨지네요. 세상에는 자신의 것을 누군가와 공유하고 더불어 성장하고 싶은 사람들이 있는 것 같습니다. 그들이 세상을 변화시키고 발전시킨다는 생각이 들었습니다. 영어를 진정으로 언어로서 대중화시키겠다는 이 두 분의 염원이 이뤄지길 기대해보겠습니다. 인터뷰 응해주셔서 감사합니다."

"네, 감사합니다. 이런 기회를 통해 영어 대중화가 앞당겨질 수 있기를 바랄 뿐입니다."

"저희도 영어 대중화에 일조하겠습니다. 감사합니다."

이렇게 인터뷰 촬영은 마무리되었다. 제임스, 폴 코치는 이 코치네 가족들과 함께 식사를 하면서 이야기를 나누는 동안 저녁노을도 저물어가고 있었다.

4장

Continuation

지속

지속은 변화와 도전 그리고 연속이라는
알고리즘으로 작동하는 사이클과 같다.

연속이라는 고개를 넘고 넘으면
지속이라는 무의식 상태에 들어오게 된다.
이때부터는 모든 것이 자연스럽게 이뤄지게 된다.

01

지속 속에 숨겨진 변화와 도전

Miracle English Coaching ──────────────

우리가 너무나 당연시하는 모든 것들에도 변화가 있다. 늘 똑같다면 자연의 법칙은 존재하지 않을 것이다. 같은 법칙에서도 늘 변화가 생긴다. 우리의 인생이 나이를 먹듯이, 그러나 늘 이팔청춘의 마음으로 무엇인가 시도하려 한다. 그것이 인생이고 삶의 본질이다.

방송 효과는 실로 대단했다. 사전 예고도 없이 주말 아침부터 One-day Coaching Center 앞에 다른 방송국이며 취재진 그리고 일반 시민들로 북적거리기 시작했다. 영문도 모르고 센터에 나온 제임스, 폴 코치는 놀라지 않을 수 없었다.

"영어 대중화 선언을 하신 분들이시죠? 잠시 인터뷰를 해도 될까요?"

여러 기자들의 폭풍 같은 질문들이 쏟아지기 시작했다. 시민들은 구경이라도 하고 싶은지 기웃거리기 시작했다. 두 코치는 기자들의 질문과 촬영요청에 아무런 대답을 하지 않고 조용해질 때까지 기다렸다. 얼마의 시간이 흘렀는지 기자들과 촬영팀들이 수군거리며 조용해지기 시작했다. 시민들도 조용히 이 광경을 지켜보고 있었다. 두 코치는 센터 현관 중앙으로 자리를 옮기고 정중하게 인사를 했다.

"여러분의 많은 관심에 감사드립니다. 지금 우리에게 중요한 것은 잠깐 반짝하며 대중의 인기를 얻고자 함이 아닙니다. 물론 인기 있는 영어 학습법이 있다더라 하는 마음으로 저희 센터에서 한 번 영어를 경험해보고 싶은 분들도 있으실 겁니다. 방송 취재를 원하시는 분들은 정식으로 스케줄을 잡고 진행했으면 합니다. 그리고 저희도 정식으로 대중에게 이벤트나 행사를 통해서 만날 수 있도록 하겠습니다. 영어는 뚝배기처럼 꾸준하게 지속하는 인내가 필요합니다. 라면을 끓이듯 인스턴트가 아니기 때문이죠. 저희의 뜻을 잘 이해해주시고 하나씩 풀어갈 수 있도록 협조 부탁드립니다."

두 코치의 차분한 응대와 품격 있는 말과 행동에 감동한 듯 정식으로 인터뷰를 요청하겠다며 오늘 한 말을 기사로 송출해도 되는지 조심스럽게 묻기도 했다. 다시 조용해진 센터에서 두 코치는 어떻게 진행할지 이런저런 의논을 하기 시작했다.

뜻밖의 손님

영어 코칭을 받아보겠다며 막무가내로 찾아오는 많은 사람들로 센터는 더 복잡하고 정신이 없었다. 기존의 영어 코칭을 받기 위해 오는 분들과 인터뷰를 했던 과정을 생략하고 바로 코칭을 시작해야 할 만큼 밀려왔다. 원칙을 무너뜨리지 않도록 신신당부를 하며 진정한 영어코치가 양성되지 않으면 영어 내중화는 요원하다는 생각에는 변함이 없었다. 많은 사람들을 그냥 돌려보내거나 다시 인터뷰 예약을 잡는 진통의 시간을 거쳐 조금씩 안정화되기 시작했다.

막 숨을 돌리고 잠시 의자에 앉아 있는 두 코치 앞에 허름한 차림의 한 중년 신사가 문을 열고 들어왔다. 옷차림은 수수했지만, 얼굴에는 귀티가 났다. 중년 신사는 인사를 정중히 하고 두 코치와 잠시 이야기를 할 수 있는지 물었다. 인품에 이끌려 차를 한잔 마시게 되었다. 중년 신사는 차를 마시며 잠시 주위를 둘러보며 서서히 입을 떼기 시작했다.

"제가 두 분을 만난 지 10년 정도가 된 것 같군요. 두 분을 찾고 싶었는데 방법이 없었죠. 이번에 방송을 보고 만날 기회를 주신 것 같아서 찾아왔습니다."

이 말에 두 코치는 다시 한번 그 신사를 쳐다보았다. 전혀 기억이 나질 않았다.

"아마도 제 얼굴은 기억하지 못 하실 겁니다. 상황을 설명하면 누군지 아시겠지만…….”

“상황이라 하시면…….”

“그때 제가 한국에서 사업에 실패하고 빚더미 속에서 허우적거리면서 허송세월을 보내고 있었죠. 그러다 우연히 미국 IT 산업에 관심을 두게 되었습니다. 한국에 있으면서 빚을 정리하는 동안 영어를 해야겠다는 마음을 먹었죠. 몇 년을 눈물 젖은 빵을 먹으며 빚을 하나씩 갚아가기 시작했습니다. 미국에서 꼭 성공하리라 마음먹으면서 말이죠. 어느 정도 빚을 갚자, 영어를 해야 한다는 생각이 계속 떠나질 않았어요. 간절하면 기회가 온다고 하죠. 대학에서 강의하시는 두 분의 강연을 듣게 되면서 영어의 실마리를 찾게 됩니다. 그때 제가 두 분에게 찾아가서 한 번 특강을 받았던 기억이 납니다. 기억하실지 모르지만, 모자를 눌러쓴 채, 검은 코트를 입고 목소리가 작았던 40대 후반의 한 남자가 접니다.”

신사분의 설명을 들으면서 지난 기억을 더듬어 본 두 코치는 기억이 나는 듯 눈빛이 빛났다.

“희미하지만, 기억이 납니다. 워낙 말수도 없으시고 내성적인 분이라 생각해서 한 번의 코칭이 도움이 되실지 반신반의했던 기억이 납니다.”

“그러게요. 저희는 최선을 다했지만, 도움이 될 거라고는…….”

두 코치는 말끝을 흐렸다. 혹여 실례가 될지도 모르는 말이라…….

"그렇죠. 저도 그럴 거라 생각했지만, 지금은 미국에서 IT업계에서 성공한 기업으로 자리매김을 했습니다. 그때 두 분의 코칭을 전 잊을 수가 없었죠. 그 한 번의 코칭이 영어와 사업 모두 성공시킨 셈이 되었으니까요."

두 코치는 기쁘기도 하고 놀랍기도 하고 어안이 벙벙했다.

지속은 변화와 도전의 새 계명

중년 신사는 차분히 그때 일을 회상하며 이야기를 하기 시작했다.

"두 분의 코칭은 철학적이면서도 실재적이라는 생각이 많이 들었죠. 당시에 저는 사업을 실패한 상황이라서 실패의 원인을 외적 요인으로만 생각했습니다. 영어 코칭을 받고 있는데, 그게 영어에만 국한된 것이 아니라는 생각이 자꾸 들었습니다. 저 스스로 코칭을 해야 할 상황이다 보니 셀프 코칭의 관점에서 코칭을 해주셨죠. 가장 인상에 남는 것이 변화와 도전 그리고 지속이라는 대목이었죠. 저도 사업을 한 사람이라 이런 개념을 모를 리가 있겠습니까! 회사를 번성하게 하기 위해서 늘 생각하는 개념인데, 두 분의 개념 접근은 신선했죠. 지속은 변화와 도전 그리고 연속이라는 알고리즘을 가지고 움직인다는 말이 뇌리에 박혀서 지워지질 않더군요. 지속이 변화와 도전 그리고 연속을 포함하고 있다는 사실이 너무 충격이었죠. 연속은 '행동을 하나하나 반복적으로 해 나가는 것을 의미'한다며 여기에서 행동은 변화와 도전으로 충만 된 행위라는 것을 강조하셨죠. 변화와 도전을 반복적으로 해 나가야 한다는 것이 연속이라는 것을 처음 알았죠."

이 신사는 그동안 자신이 포기하지 않고 걸어온 과정을 생각하는 듯 잠시 눈을 감았다.

"영어 훈련을 하면서 이 사실을 잊을 수가 없었죠. 한 번의 훈련기록이 나오면 무엇을 개선해야 할지 생각 속에서 변화를 끄집어내고 그 변화된 생각을 실재화 하기 위해 어떻게 도전할지를 늘 생각하게 했죠. 이 과정을 하나의 연속이라는 의미로 이해를 하고 훈련해야 한다고 강조하셨답니다. 실제 훈련기록을 살펴보면서 변화와 도전의 행위를 연속적으로 하는 저 자신을 보면서 향상된다는 것을 알게 되었죠."

"더욱더 놀라운 것은 지속이라는 의미를 변화와 도전 그리고 연속을 가지고 정의하셨다는 겁니다. 변화와 도전 그리고 연속이 하나의 사이클처럼 끊임이나 변화 없이 이어지도록 유지하는 것을 지속이라고 하셨죠. 이런 개념을 영어 훈련을 통해 적용하면서 1년 만에 영어로 비즈니스 하는 데 전혀 문제가 없을 정도가 되더군요. 어디 그뿐인가요? 제 사업도 이와 같은 방식을 적용해서 3년 만에 미국 실리콘밸리에서 인정을 받기 시작했죠. 지금은 미국에서도 IT분야의 선두주자로 급성장했습니다."

"하나의 핵심원리를 모든 분야에 적용할 수 있다는 것을 영어를 마스터하면서 절실하게 깨닫게 되었답니다."

두 코치는 중년 신사분의 간결하면서도 분명한 경험담을 듣고 있는 것 같았다. 자신들 앞에 앉아있는 사람에게 감사한 마음이 생겼다. 새로운 삶을 멋지게 성공했으니 말이다.

"정말 감동이네요. 한국인의 긍지를 높이셨습니다. 저희가 도움을 드렸다니 약간의 뿌듯함이 있기도 하고요. 저희가 아닌 사장님 스스로 해내신 거라고 생각이 듭니다."

"그렇지 않습니다. 두 분의 도움이 제 인생의 판도를 완전히 뒤집어 놓았으니까요. 그래서 꼭 뵙고 감사와 답례를 하고 싶었습니다. 그때 제게 해주신 코칭의 대가를 지불하고 싶고, 두 분의 사명을 이루는 데 제가 힘을 보태고 싶습니다. 생명 부지인 사람이나 기관에도 기부하는데, 제 인생과 사업을 다시 일으켜 주신 분들에게 그냥 지나칠 순 없죠."

방송 인터뷰를 하질 않나 중년 신사분이 와서 은혜를 갚겠다는 상황을 맞고 있으니 두 코치는 이 현실이 꿈인지 생시인지 헷갈리기 시작했다.

100억 그리고 새로운 시작

"뭐라 말씀을 드려야 하는지……. 난감하네요."

"제가 한국지사에 연락을 해두었습니다. 이 기부금이 대한민국 영어 대중화에 의미 있게 쓰이길 원합니다. 외국 생활을 통해 느낀 점은 한국인의 능력은 세계가 인정하지만 언어 장애를 극복하지 못하면 인력 가치는 삼류가 되고 맙니다. 두 분은 반드시 해낼 거라고 믿고 있습니다. 저희 회사의 IT 기술도 지원해드리겠습니다. 필요하시면 언제든지 요청해주시면 좋겠습니다. 지금 사는 제 삶은 덤입니다. 재산이나 기술 모든 것이 덤인 거죠. 덤으로 받은 것은 덤으로 줄 줄 아는 것도 신의 뜻 아닐까 싶습니다."

한 마디 한 마디가 삶의 깊이가 느껴졌다. 깊은 통찰이 느껴지는 삶의 자세였다.

"사장님의 이야기를 듣느라 아직 성함도 모르고 있네요. 함자가 어떻게 되시는지요?"

"허허허, 제 이름은 티오엘입니다. 태어날 때 지어진 이름은 버린 지 오래되었습니다. 과거에 저는 죽은 사람이나 마찬가지니까요. 새로운 생명으로 살고 싶은 갈망과 누군가에게 생명처럼 빛이 되고 싶다는 의미로 생명이 열리는 나무, 티오엘(T.O.L)이라는 이름으로 개명을 했습니다."

독특하고 별난 부분도 있지만, 자연스러웠다. 인생의 가치를 이름 안에 표현하고 싶은 느낌이랄까?

"이런 날이 저희에게 올 거라고 기대조차 하지 않았습니다. 그저 한 걸음씩 묵묵히 갈 길을 가는 게 우리가 할 수 있는 최선이었죠. 영어코치의 가치가 누군가에게 빛이 되었다니 행복합니다. 저희도 티오엘 님의 도움과 격려를 소중하게 생각하며 가치를 민들어 가도록 하겠습니다."

"그러시죠. 함께 논의할 것이 있으면 직접 연락을 주십시오. 제 전화번호입니다."

명함을 서로 건네며 뜨거운 악수를 했다. 정중하게 인사를 하고 돌아서는 티오엘 님의 뒷모습을 보며 귀인을 만난 사실에 두 코치는 가슴이 벅찼다.

며칠 후 은행 지점장이 전화가 왔다. 100억 원이 입금되었다고 알려왔다. 두 코치는 티오엘 님께 전화를 드리고 감사함을 전했다. 영어 대중화를 위해, 하고 싶었던 많은 계획이 주마등처럼 지나갔다. 언제 실현될지 몰랐던 영어 대중화를 위한 많은 기도들을 신이 잊지 않고 기억하고 있다는 생각이 들었다.

02

영어에게 해방을 외치다

Miracle English Coaching

신은 인간의 움직임에 늘 관여하고 싶어 한다. 혹여 그가 신과 사랑을 하고 싶어 할지 모르기 때문이다. 신은 인간의 모든 기도를 엿듣고 있다. 스쳐 가는 인연 중에 신이 함께 있기를 바라며 누군가의 유익을 위해 기도하는 이가 있기를 바라면서 말이다.

두 코치는 방송 인터뷰와 티오엘이라는 귀인을 만나서, 'One-day Coaching Center'가 세상에 알려지고 영어 대중화의 꿈을 실현하기 위한 자본도 생겼다. 기적 같은 일들이지만, 기적이 아닌 인연이 만들어 낸 신의 선물일지도 모른다는 생각이 들었다. 두 코치는 뜻깊은 행사를 준비해야겠다고 생각했다. 직원들과 함께 센터의 모든 가족과 티오엘 후원자를 모시고 15년을 포기하지 않고 준비했던 영어 대중화를 어떻게 실현할지, 혼자가 아닌 함께 이 꿈을 실현할 동반자들이 있음을 공표

하고 싶었다. 센터 직원 30명, 회원 200명, 행사에 참여하고 싶은 지원자 1,000명, 초청 인사 10명 규모의 행사를 준비하기로 했다. 영어 코칭교육을 받는 회원 중에서 엄선해서 200명을 뽑았다. 물론 이 중에는 이영한 가족들도 포함되었다. 방송을 탄 이후 센터에 대한 관심이 커지면서 행사에 참여하고 싶어 하는 사람 중에 1,000명을 선정했다. 초청 인사는 정부 인사들과 교육 관계자 그리고 티오엘 귀인을 모시는 것으로 정해졌다. '영어에게 해방을 외치다' 행사명이 전국에 알려지면서 방송국에서 취재 예약과 방송 요청이 쇄도했다. 제임스, 폴 코치는 그동안 함께 하면서 준비했던 것들을 세상에 알리는 때가 온 것을 감사했다. 사장(死藏)되고 묻히나 싶었던 것들을 세상에 드러낼 기회를 얻게 된 것이다.

행사 당일

늦은 가을, 토요일 오후 행사를 위해 초대형 행사장 주변을 분주하게 움직이는 센터 직원들과 자원봉사자는 무대 설치와 음향을 조율하고 지원자들의 자리 배치와 귀빈들의 동선 등을 체크하며 분주했다. 행사장 입구에서는 행사 진행 리플릿과 생명나무 모형의 작은 기념품 그리고 미니 라디오와 이어폰을 지급해주고 있었다. 경찰들과 앰뷸런스 그리고 안전요원을 곳곳에 배치하고 있었다.

이영한 코치 가족들은 미리 제임스, 폴 코치를 찾아와서 꽃다발을 주며 응원했다. 두 코치도 대규모 강연을 오래전에 한지라 살짝 긴장되는 기분이었다.

"제임스 코치님, 이런 날이 오기는 오네요. 우리가 얼마나 사람들에게 영어 대중화를 이야기하고 싶었습니까!"

"그러게. 테마파크를 통해 지속적으로 영어를 대중화시킬 방법을 연구하고 준비한 세월이 헛되지 않았네. 티오엘 님이 말씀하신 것처럼 우리가 테마파크를 하겠다는 생각을 멈추지 않았고 끊임없이 도전하고 틈만 나면 우리를 만나는 사람들에게 쉴 새 없이 이야기했던 것 같아. 누군가는 귀에 딱지가 생길 정도로 많이 들었겠지. 우리도 보통 끈기는 아니지."

제임스 코치가 무대 진행 상황을 보며 감회가 새로운지 기쁨의 목소리가 느껴졌다.

"오늘을 맘껏 즐기면서 신나게 영어에게 해방을 외치도록 해봅시다. 무대 공연도 중간중간 진행되니 흐름 놓치지 않고 저와 동선을 잘 살펴야 하니 좀 있다가 리허설도 해보게요. 안개 같은 효과 장치에 제가 안 보일 수도 있으니 챙기셔야 합니다."

폴 코치는 자신이 키가 작으니 잘 챙기라고 돌려서 말을 건넸다.

"하하하, 걱정하지 말게나. 폴 코치와 함께한 시간이 얼마인데 놓치겠나. 안 보여도 찾을 수 있지."

묵묵히 함께 걸어온 세월만큼이나 두 코치는 서로에게 형제

이자 동역자였다.

행사 시작

사회자의 진행으로 귀빈들을 소개하자마자, 무대의 조명은 어두움으로 변했다. 잠시 후, 탄압과 억압을 받고 있는 느낌의 영상과 배우들 그리고 이들의 양손에는 온갖 패러다임이 적혀 있는 피켓을 들고 있었다. 영어에서 벗어나지 못하게 했던 수많은 이유를 내던지며 힘차게 전진하는 느낌을 살린 한 편의 사운드 트랙을 본 느낌이었다. 피켓을 던진 배우들은 갑자기 삼삼오오 모여서 영어로 말을 하기 시작했다.

무대 한구석에는 3분 동안 쉬지 않고 서로 대화하는 모습이 끝나자, 다른 한 곳에서는 300단어와 100문장을 쉬지 않고 말을 했다. 무대 중앙에서는 원어민과 자유스럽게 대화를 하는 모습을 연출하기도 했다. 광혁이와 승국이는 즉석에서 새로운 단어와 문장을 훈련하면서 순식간에 익힌 단어와 문장으로 원어민과 대화를 하는 모습을 보여주었다. 이 코치와 김 코치는 행사 지원자 중에서 10명을 대상으로 영어 훈련을 시연하면서 지원자들이 직접 현장에서 짧은 시간에 영어를 할 수 있는 모습을 보여주면서 감탄을 자아냈다.

모든 이벤트를 진행한 참가자들이 '영어에게 해방을 외치다' 깃발을 흔들며 "영어는 쉽다"를 세 번 외치며 무대가 마무리

되었다. 오픈 공연을 마치고 연령대별로 한 명씩 나와서 자신이 영어에서 어떻게 해방을 받았는지 사례를 발표하는 시간을 가졌다. 파닉스도 몰랐던 식당 할머니가 영어 훈련을 통해 식당에서 원어민과 대화를 했던 사연, 치매 증상이 심했던 할아버지가 훈련을 통해 치매 증상이 사라진 사연, 3개월 만에 토익 550점에서 영어를 잘하는 900점 학생이 된 사연, 6개월 만에 수능 만점을 받고 영어학과 장학생으로 간 사연, 1,000단어 - 300문장을 익혀서 해외여행을 맘껏 즐겼다는 40대 기업가의 사연, 영어로 잠꼬대를 하게 되었다는 중학생의 사연, 광혁이도 자신이 외국 학생들에게 영어와 한글을 익히도록 도와주었던 사연들을 릴레이 방식으로 발표하는 시간을 가졌다. 지원자들도 자신의 처지를 생각하며 할 수 있을 것 같다는 생각을 갖기 시작했다. 이때 제임스 코치가 무대 앞으로 나갔다.

"여러분, 지금 당장 영어를 할 수 있겠다는 느낌이 오시나요?"

1,000명이 넘는 관중들은 일제히 '네'라며 합창을 하듯 대답했다.

"리플릿 뒷면을 보시면 샘플 단어와 문장이 있습니다. 한 번 해볼까요?"

모든 사람들이 기다렸다는 듯이 소리쳤다.

"지금부터 영어 단어와 문장을 훈련할 겁니다. 여러분은 절대로 외우지 않되, 서당에서 글을 읽듯 큰 소리로 리듬 읽기를 해보도록 하겠습니다. 한쪽 주먹을 쥐시고 머리 위로 든 채, 저와 함께 훈련을 해보도록 하겠습니다."

제임스 코치의 설명대로 모든 사람들이 큰 소리로 빠르게 리듬 읽기를 하도록 했다. 다시 한 번 더 큰 소리로 빠르게 리듬 읽기를 하고 나서, 옆 사람에게 자신이 알고 있는 단어와 문장을 상황과 상관없이 마구 하도록 했다. 사람들은 상황이라는 틀에서 벗어나서 하고 싶은 말들을 떠오르는 대로 영어로 하기 시작했다. 일제히 웅성거리기 시작하면서 웃음소리와 박수 소리가 터져 나왔다.

"영어는 영어권의 거지들도 쉽게 하는 그냥 언어일 뿐입니다. 온갖 격식과 발음 그리고 문법이라는 예의를 갖추고 대할 필요가 없습니다. 아이처럼 막 던지십시오. 그게 언어의 시작입니다."

"여러분, 스스로를 가두지 마십시오. 두려움이나 쪽팔림이나 고정관념이나 예의나 체면에서 벗어나시기 바랍니다. 아이들에겐 이런 게 없기에 쉽게 언어를 익힙니다. 여러분을 가로막고 있는 모든 장애와 방해는 그림자일 뿐이죠. 영어에게 작별을 고할 시간이 다가오고 있습니다. 여러분에겐 영어 코치들이 함께하고 있습니다. 당신의 목표를 위해 동행 할 사람이 있다는 사실 잊지 마십시오."

두 코치의 한 마디가 누군가엔 가시처럼 누군가엔 눈꽃처럼 다가왔다. 다 아는 사실들이 어느 순간 자신에게 실재가 되는 때가 있다. 잔잔한 감동은 무대 공연으로 이어졌다. 영어 훈련법을 랩으로 편곡해서 노래한 아이돌 가수, 1~3단계 속도를 활용한 노래 가사 따라 하기, 관객들과 함께 노래와 춤을 추며 즐거운 시간을 보냈다. 마지막 무대는 TOL 테마파크가 영어 대중화를 실현하기 위해 어떻게 설계되고, 무슨 테마들이 있으며, 운영방식은 무엇인지 전반적인 로드맵을 설명하면서 대한민국에 거대한 프로젝트가 실행될 것을 선포하는 것으로 행사를 마무리했다. 참여한 지원자들은 영어로 감동을 느끼는 경험이 처음이라 한동안 자리를 떠날 수가 없었다. 어떻게 하면 영어코치를 할 수 있는지 묻는 사람들로 행사는 끝날 기미가 보이질 않았다. 영어에 대한 갈망이 얼마나 깊은지 알 수 있었다.

어느덧 시간이 흘러 행사가 무사히 마무리되고 티오엘 회장과 두 코치는 잠시 찻집에서 담소를 나눴다.

"영어 대중화는 실현될 것 같더군요."

티오엘 회장은 고무된 표정이었다.

"오랜 숙원이 실현될 수 있도록 도움을 주셔서 감사합니다. 남녀노소 상관없고 외우지 않아서 좋고, 리듬 읽기는 우리 조상 때부터 가락이 있는 민족이니 말할 것도 없지 않습니까?"

회장의 칭찬에 두 코치는 감사했다. 티오엘 회장은 두 코치의 손을 잡고 절대 포기하지 말라며 언제든지 아낌없이 지원할 것을 약속했다. 티오엘 회장은 마치 자기 일인 마냥 하나하나 신경을 썼다. 누가 그에게 이런 마음을 주었을까? 자신이 제

2의 인생을 사는 것의 의미를 스스로 깨닫지 않으면 절대로 남과 사회를 생각하며 살기란 어려운 일이다. 두 코치는 티오엘 회장의 모습을 보면서 자신들의 모습도 돌아보게 되었다. 이번 행사가 눈요기가 아닌 누군가에겐 영어 대중화를 향한 변화의 시작점으로, 도전의 시작점으로, 지속을 위한 연속의 시작점으로 여겨지길 바랐다.

내적 동기를 발견하는
자기만의 울림을 찾자

Miracle English Coaching

우리는 끊임없이 자신에게 질문하고 선택하며 기뻐하고 후회한다. 자신이 결정한 것임에도 자신에게 화를 내기도 하고 칭찬을 하기도 한다. 그 모든 선택과 결정을 남이 아닌 자신이 했음에도 그에 대한 응당 대가를 스스로에게 지불하게 한다. 왜일까? 이 세상에서 겪는 희로애락으로 신이 인간에게 무엇을 발견하기를 원하는 것은 아닐까.

'영어에게 해방을 외치다' 행사 이후, TOL 테마파크에 무수히 많은 관심과 협력 제안을 원하는 정부 기관과 민간업체들의 문의가 쇄도했다. 두 코치는 직원들이 하나하나 꼼꼼하게 파트별로 분류해서 문의 온 내용들을 잘 정리할 수 있도록 당부했다. 그리고 행사를 진행한 센터 직원들과 회원들이 한자리에 모일 수 있도록 자리를 마련했다.

"여러분, 이번 행사를 준비하느라 수고 많았습니다. 덕분에

많은 사람과 기관 그리고 방송에서도 저희들의 존재가 정확하게 인식된 것 같더군요. 모두 여러분들의 노고라고 생각합니다. 그렇지만, 이 행사를 통해 제가 듣고 싶은 이야기는 여러분들의 마음입니다. 행사를 준비하면서 혹은 행사를 마치고 나서 각자에게 어떤 일들이 일어났는지가 중요합니다. 외적 환경의 변화는 별로 중요하지 않습니다. 저희와 함께 하는 여러분의 이야기가 가장 중요합니다. 그래서 듣고 싶었습니다."

제임스, 폴 코치의 이야기에 모두들 기다렸다는 듯이 말을 하기 시작했다.

"전, 센터에서 일을 한 지 4년이 넘은 영어코치, 빌입니다. 이번 행사를 통해 분명하게 드러난 것은 영어에 대한 대중들의 열망이었다고 생각합니다. 그 열망을 제대로 이끌어 주지 못했기에 목마름이 그치지 않은 거죠. 그 목마름을 도와줄 기회가 오겠다는 생각이 들었습니다. 4년의 코치 생활이 지금을 위한 준비였다는 생각이 들면서 새로움으로 다시 채워지더군요."

"저는 영어코치 양성과정에 있는 김소심이라고 합니다. 행사 전과 후의 제 모습의 변화라고 하면, 영어코치가 꼭 돼야 한다는 간절함이 더 커진 것이라고 생각합니다. 실제 무대에서 지원자들을 대상으로 시연하는 과정을 겪으면서 짧은 시간에 영어가 쉽다는 인식을 심어주고 싶은 마음이 간절했습니다. 그 간절함을 저 자신이 부러워하고 있더라고요. 저 자신이 제 모습을 보고 부러워한다는 것이 좀 어색하고 이상했지만, 사실입니다. 제가 그 간절함을 저에게 바라고 있었다는 사실을 발견한 거죠. 너무 부끄럽기도 하고 감사했죠. 요즘은 그 간절함을 담아서 훈련에 매진하고 있답니다."

"센터에서 일한 지 1년 된 직원, 문진주입니다. 저는 해외 생활을 통해 영어를 할 수 있기 때문에 영어에 대한 간절함을 느껴본 적은 없습니다. 그래서 센터에서 일을 하면서도 영어를 배우고자 하는 분들의 마음을 이해하기 어려운 부분이 있었죠. 코칭 방식으로 익히는 것도 특별하다고 생각해 본 적도 별로 없었던 것 같습니다. 근데, 이번 행사를 준비하면서 수많은 사람들의 관심과 절실함을 보고 느낄 수 있었습니다. 실제로 제가 영어코치 과정을 경험하지 않다 보니 이론만 있을 뿐, 실재는 없었다는 것을 피부로 느낄 수 있었습니다. 그래서 결심했죠. 이번에 영어코치 과정을 해볼 겁니다. 영어를 하는 사람의 입장에서 영어코치가 되는 것은 어떤 느낌일지 겪어보고 싶습니다. 제임스, 폴 코치님이 애 좀 먹을지 모릅니다."

문진주 직원의 협박 아닌 협박에 모두 웃음보가 터지고 말았다. 각자가 느낀 점이 많았는지 서로에게 긍정적인 자극을 주는 시간이 이어지고 있었다.

"저도 한마디 하고 싶습니다. 학생 영어코치 이광혁입니다. 영어를 '외우지 않고 큰 소리로 빠른 속도로 리듬 읽기' 방식으로 익히는 것이 맘에 들었습니다. 전 공부를 아주 싫어하거든요."

광혁 군의 솔직함에 모두 호응하며 맞장구를 쳤다.

"우리말도 제가 외워서 한 적 없는데, 영어는 외워야 한다는 것이 이상했습니다. 우리말을 잘하면 영어도 잘해야 정상이잖아요. 이번 행사를 통해 자부심이 더 생겼습니다. 더욱 훈련을 열심히 해서 저와 처지가 비슷한 친구들에게 영어 코칭을 해주고 싶어요. 영어코치가 꿈이 되었습니다. 다들 도와주셔야 해요."

당당하게 자신의 꿈과 요구사항을 말하는 광혁이의 모습에 모두 환호와 박수를 보냈다.

"저도 열심히 할 겁니다."

승국이도 불쑥 한마디 했다. 박수 소리에 묻힐 뻔했지만 진심 어린 마음은 전달되기 마련이다.

"저는 아직 어리니까. 이 방법으로 영어를 하게 되면 다른 나라 언어도 쉽게 할 수 있다고 하셨거든요. 언어의 원…, 원…. 뭐라고 하셨는데……."

김 코치가 옆에서 '원천기술'이라고 속삭여 주었다.

"아, 언어의 원천기술을 익히고 있으니까요. 두고 보세요. 언어 신동, 이승국이 될 거예요."

역시 모두 그 꿈을 응원한다는 의미로 힘찬 박수를 보내주었다.

"가족들이 다 한 마디씩 하니 저도 그냥 넘어갈 수가 없군요. 영어코치 양성과정을 하고 있는 이영한입니다. 저는 꿈이 생겼습니다. 처음, 이 영어코치 과정을 하는 목적은 회사에서 원어민 면접을 준비하기 위한 것이었죠. 근데, 지금까지 준비하는 과정과 행사까지 치르고 나서 결심하게 되더군요. 회사의 원어민 면접을 위해 이 과정을 하고 있기에는 제 꿈이 너무 소박하다는 생각이 들었습니다. 그래서 제 아내와 며칠 동안 많은 대화를 했습니다. 새로운 인생을 시작해보자. 영어코치로 대한민국의 영어 대중화를 위해 역할을 해보고자 합니다. 제임스, 폴 코치님과의 악연으로 여기까지 왔는데, 이제는 좋은 인연으로 함께 일을 했으면 합니다. 아직 의향을 묻지는 않았습니다만, 이런 자리에서 선포해야 쉽게 거절을 하지 못하실 것 같아서요."

모두 제임스, 폴 코치에게로 시선이 쏠렸다.

"늘 이런 식으로 저희를 놀라게 하는군요. 대학에서도 공개 석상에서 사람을 무안하게 만드시더니……."

잠시 고개를 숙이더니 다시 말을 이어갔다.

"오늘 같은 공개석상의 고백은 아주 맘에 드네요. 악연을 둘도 없는 인연으로 만들어봅시다. 영어의 한을 푼 이 영한 님으로 거듭나시고 많은 사람에게 간증하듯 간절하게 코칭하시기 바랍니다."

모두 환호했다. 제임스, 폴 코치도 기뻤다. 이런 희열 때문에 코칭을 포기할 수 없다. 비록 과정이 힘들지라도…….

제임스, 폴 코치는 서로 손을 잡으며 너무 기뻤다. 하고 싶은 말과 듣고 싶은 말이 이렇게 하나가 될 수 있다는 것이 신기하고 감사했다. 각자가 자신의 본 모습을 찾는 힘을 가지고 있었다. 긍정적 자아가 하는 말을 경청할 수 있는 마음의 여유와 그 목소리의 울림을 놓치지 않고 따라갈 수 있는 의지가 생겼다는 것이 놀라웠다. 때론 내적. 외적 환경의 변화가 누군가에겐 기존의 삶의 방향을 완전히 돌이켜 빠져나올 수 없는 구렁텅이에서 구출해주기도 하는 것이다. 지금 이들은 자신을 스스로 설득하는 강한 내적 동기를 갖게 된 것이다.

04

달인이 되는 길은
단순하기에 외롭다

Miracle English Coaching

고독을 씹을 줄 아는 사람이 있다. 고독은 씹을수록 단맛이 난다. 처음에는 독처럼 쓰지만, 쓴 것은 몸에 좋은 법이다. 남이 가지 않은 길을 가거나, 모두가 반대하는 길을 가는 것은 고독한 길이다. 혼자라는 느낌은 마주하고 싶지 않은 자신과의 싸움을 의미하는 거니까. 그러나 그 길의 끝에서 남들은 볼 수 없고, 느낄 수 없고, 채워질 수 없는 삶의 진수를 느낄 수 있으니 두려워 말자.

영어 대중화 프로젝트를 위한 TOL 테마파크에서 함께 일할 영어코치 100명을 선발한다는 모집 광고를 올리자, 전국적으로 영어코치를 하겠다고 지원한 사람이 1만 명이나 되었다. 전산이 마비될 정도로 많은 관심을 보이기 시작하자, 티오엘 회장의 IT 기술을 지원받아 서류 전형에서 One-day Coaching Center 지원 조건에 맞는 지원자 1천 명을 선발할 수 있었다. 1

차 선발된 지원자 중에서 500명을 선발하기 위한 미션을 지원자들에게 보냈다. 2차 미션은 '영어 훈련 영상 올리기'이었다. 지원자들에게 보내 준 훈련도서와 훈련요령을 홈페이지에서 다운받도록 하고 1주일 동안 훈련한 영상을 메일로 보낼 수 있도록 한 것이다. 다양한 반응들이 나타나기 시작했다. 한 번도 보내지 않는 지원자, 2~3번 보내다 그만둔 지원자, 홈페이지나 센터에 전화해서 악담을 하고 그만둔 지원자 등등 다양한 경우가 발생했다. 이렇게 해서 자연스럽게 일주일 동안 훈련 동영상을 보낸 지원자가 200명이 남게 되었다. 마음은 있으나 행함이 없는 이들이 너무나 많았다. 옥석을 가리는 센터만의 독특한 방식이었다.

200명의 명단을 놓고 제임스, 폴 코치와 직원들은 어떻게 하는 것이 진정한 100명을 선발하는 것인지 논의를 하기 시작했다. 다양한 논의 끝에 그룹 코칭을 적용하기로 했다. 5+1(5명의 지원자 + 1명의 영어코치)이 한 조를 형성하도록 하고 조별로 미션을 수행하면서 영어코치 자격이 되는 지원자를 뽑는 방식이었다.

그룹별 코칭과 고독의 시작

지원자들은 센터에 모여서 간단한 오리엔테이션을 거친 후,

미션에 대한 설명을 진행했다. 그룹을 구성하고 영어코치는 그룹별로 영어훈련을 지원하고 미션을 완성할 수 있도록 코칭 하는 일 이외에는 그룹 활동에 관여하지 않는 것을 원칙으로 했다. 그룹별로 자발적 활동과 노력 그리고 연계를 통해 미션을 어떻게 수행하는지는 각 그룹의 몫이었다. 모든 그룹의 공통 미션은 '한 달 안에 모두가 영어코치 되기'이었다. 지원자들 모두 황당했다. 서로가 경쟁자 입장인데, 모두가 영어코치가 되어야 하는 상황이었다.

요즘 같은 개인주의와 혼밥 시대에 사는 지원자들에겐 생각보다 어려운 미션이었다. 웅성거리는 소리와 함께 몇십 명의 지원자는 하고 싶지 않다며 포기하고 문을 박차고 나갔다. 대략 170여 명 정도가 남은 상황이었다.

"더 나가실 분들 있으신가요? 못 하실 분들은 미리 나가서도 좋습니다. 자신과의 싸움은 이미 시작되었습니다. 1분의 시간을 드리겠습니다. 1분이 지나면 저 문은 닫힙니다."

빌 코치의 단호한 목소리와 함께 조용한 1분의 시간이 흐르고 있었다. 더 이상의 동요는 없었다. 그룹을 형성하고 영어코치가 배정되었다. 각 그룹별로 영어코치는 한 달 동안의 미션을 위한 지원 사항인 단체 훈련 일정, 훈련 내용, 훈련 기록 공유, 훈련 과정 촬영과 그룹 자체적으로 해야 할 내용인 그룹명, 조장, 단체 메세지방 개설, 미션을 위한 세부 실행, 개인 코칭 지원 등을 알려주었다. 그룹별로 여러 가지 움직임이 일어나기 시작했다. 어떤 그룹이 만들어지면 그 안에는 리더가 있고, 조력자가 있고, 방관자가 있기 마련이며 리더, 조력자, 방관자의 부류도 다양하다. 영어코치들은 각 그룹의 훈련기록과 태도 그리고 미션을 진행하는 과정 등을 세세히 기록하고 보고서를 작성했다.

시간이 흐르면서 개인과 그룹들의 다양한 현상들이 파악되기 시작했다. 영어코치를 잘 활용하는 그룹이 있기도 하고 자체적으로 해보겠다고 애를 쓰는 그룹도 있었다. 훈련하면서 어려운 부분을 영어코치와 긴밀하게 상의하는 지원자도 있고, 자신이 할 수 있다고 생각하며 혼자 하는 스타일도 있었다. 자유함 속의 경쟁은 생동감을 만들어 주기도 하고 상대방을 통해 자신이 못 보던 자신의 내면을 보기도 한다. 모든 사람을 영어코치가 되게 하기 위한 구성원의 고독한 고민이 없으면 이 미션은 완성하기 어렵다. 어떤 그룹은 이런 의미를 알아가고 있었다.

센터의 영어코치가 코칭 할 때와 자신들이 돌아가면서 코칭을 했을 때 어떤 점이 부족한지 서로에게 피드백을 해주기도 했다. 부족한 점을 발견하기 위해 개인적으로 영어코치를 찾아와 코칭을 요청하기도 했다. 개인과 그룹의 공동 미션에 성공하기 위한 개인이 버려야 할 것과 그룹이 갖춰야 할 것들 그리고 영어 실력까지 만들어가는 일련의 과정을 모두 기록하고 촬영을 해두었다.

미션이 준 의미

한 달이라는 적지 않은 시간 동안 지원자들은 자신들의 인생을 이렇게 함축적으로 살아보질 못했을 것이다. 한 달이 쏜살같이 지나갔다. 각 그룹별로 모인 지원자들의 표정으로 그간 어떤 일들이 벌어졌는지 알 듯했다. 이 자리에 참석하지 못한 지원자들도 있었다. 중도 하차한 지원자들이다. 외로움과 고독을 견디기란 쉽지 않은 법이다. 그동안 겪은 내용들의 영상을 함께 보면서 각자의 모습을 돌아보도록 했다.

"여러분에게 한 달은 무엇인가 이루기에는 부족한 시간이고 무엇인가 배우기에는 충분한 시간이기도 합니다. 저희가 여러분에게 한 달 만에 영어코치가 되라고 주문한 것은 처음부터 불가능한 미션이었죠. 여러분은 미션의 완성을 보셨나요? 아니면 미션을 통해 자신의 민낯을 보셨나요? 그도 아니면 미션으로 자신의 가능성을 보셨나요? 뭐가 되었든 간에, 그룹의 모습이 자신이고 자신의 모습이 그룹의 모습일 겁니다. 여러분의 미션은 여전히 진행 중입니다. 아직 끝나지 않았다는 말이죠. 저희는 선택할 입장이 아닙니다. 여러분이 선택해야 합니다."

"자신의 옛 모습을 품고 있는 알에서 밖으로 나오고 싶다고 신호를 보내는 것은 여러분의 몫입니다. 이번 미션을 통해 벗어나고 싶은 고독한 자신의 모습을 분명하게 발견하신 분들은 그 신호를 보낼 용기를 갖기 바랄 뿐입니다. 모든 분야에서 달인의 길은 단순하기에 외롭고 힘들 수 있습니다. 선택을 하실 시간입니다. 지금까지의 경험으로 자신의 새로운 길을 영어코치들과 고독을 즐기며 가실 분들은 남으시면 됩니다."

빌 코치의 말이 끝남과 동시에 한두 명씩 움직임이 보이기 시작했다. 영어코치의 길을 가겠다는 사람들과 주저하는 사람 그리고 포기하는 사람들로 자연스럽게 구분되었다. 신기한 것은 각 개인의 선택이 그룹의 선택과 거의 비슷하다는 것이다. 그룹별로 선택이 극명하게 드러났다. 포기하는 지원자가 많은 곳을 보면 그룹에 남는 사람이 별로 없었다. 지원자가 많이 남아 있는 곳을 보면 그룹에 남은 사람이 많았다.

혼자 가는 사람은 멀리 가지 못하고 멀리 가고자 하는 사람들은 함께 가고자 하기 마련이다. 개인의 고독을 단체적인 한 무리로 함께 겪으며 가는 것이 얼마나 편하고 쉬운 것인지 알기 시작한 무리가 생긴 셈이다. '영어코치'를 하겠다고 남은 사람은 결국 50명 남짓 되었다. 영어 대중화의 씨앗이 될 인원들이었다.

05

내 생각, 감정, 의지에
속지 마라

Miracle English Coaching ─────────────────

자신의 생각 · 감정 · 의지대로 사는 것 같지만, 그렇게 사는 사람은 매우 드물다. 회사원은 상사의 말에, 부모는 자식의 말에, 누군가는 친한 친구의 말에, 사랑하는 사람의 말에 자신의 생각, 감정, 의지를 맞추기도 한다. 결국, 자기 생각 · 감정 · 의지는 자기 것으로 보이나 자기 것이 아니라는 말이기도 하다. 우리는 과연 자신의 생각 · 감정 · 의지에서 자유로워질 수 있을까?

이번에 선발된 50명과 기존의 영어 코치과정을 진행한 인원까지 하면 대략 80명 정도가 영어 대중화를 위한 준비된 자원이었다. 50명의 선발된 영어코치들과 상견례를 갖기 위해 80명의 정예인원이 한자리에 모였다.

"이제 한 달 훈련하신 분들과 5개월 이상의 훈련과정을 거치신 분들이 함께 훈련하면 시너지효과가 많이 생길 겁니다. 5개월은 1개월 되신 분들을 보면서 영어 코칭의 진수를 알게 될 것이고, 1개월은 5개월 되신 분들을 통해 단계별 훈련과정을 더욱 분명하게 체험하면서 영어코치가 되어가는 여정을 즐기시게 될 것입니다. 영어 대중화라는 긴 여정을 동행할 동료가 있음을 잊지 않기 바랍니다."

제임스, 폴 코치는 한결같은 마음으로 같은 가치관과 사명감을 느끼길 바라는 마음이었다.

다양한 연령대의 인원을 8명씩 구성해서 10조를 나눠서 '모두가 영어코치가 되다'라는 진짜 미션을 시작했다. 조별로 3명의 선임자들이 1:1, 1:2 방식으로 신입 코치들을 훈련하고 코칭하는 시간을 갖도록 했다.

"김 코치님, 저는 메타인지 향상이 잘 되질 않네요. 뭐가 문제인지 모르겠어요."

신입 코치 박은영은 며칠간 고민한 내용을 김 코치에게 털어놓았다.

"같이 훈련을 해보면 원인을 찾을 수도 있지 않을까요?"

김 코치는 신입 코치와 함께 사이클 1 전체를 훈련하고 메타인지를 체크해봤다. 박 코치 말대로 한 달 이상 훈련한 상황에서 10% 정도 밖에 떠오르지 않는 것이 문제가 있었다. 김 코치는 자신의 경험을 떠올리며 박 코치에게 파트별로 다시 훈련을 해보자고 제안했다. 역시 파트별로 훈련을 할 때 메타인지가 향상된다는 것을 발견했다.

"박 코치님은 한 달 정도 훈련을 하실 때 파트별 메타인지 체크를 좀 더 해야 했는데, 그 부분을 놓친 것 같네요. 파트별로 나눠서 할 때 집중력이 더 좋고, 메타인지도 높게 나올 겁니다. 파트별 메타인지가 50%는 나와야 전체 사이클 훈련을 해도 메타인지에 큰 영향을 미치질 않게 됩니다. 이 부분을 고려해서 다시 훈련을 해봅시다."

파트별 훈련을 지속적으로 하면서 메타인지를 50%까지 끌어올리고 나서 전체 사이클을 훈련하자, 메타인지 향상이 좋아지기 시작했다.

"빌 코치님, 저는 반의식에서 잠재의식으로 넘어가는 훈련에서 어려움을 겪고 있습니다. 메타인지가 90% 이상 입에서 나오는데, 이 고개를 넘지 못하고 있네요."

이영한 코치도 빌 코치에게 도움을 요청했다.

"잠재의식 훈련의 핵심은 씨앗이 되는 단어와 문장이 자동으로 나올 뿐만 아니라 단어와 문장이 조합되면서 새로운 문장이 만들어진다는 것이죠. 이 코치님은 메타인지 체크를 하실 때, 추가로 새로운 문장을 만들어내는 개수를 체크해 보실 필요가 있습니다. 훈련 단어와 문장이 자동으로 거의 나온다고 해도 기존 문장에 단어를 치환해서 훈련하는 연습을 해보지 않으면 잠재의식 훈련에서 어려움을 겪게 됩니다. 반드시 문장 안에 단어를 치환하는 훈련을 하실 필요가 있습니다."

"폴 코치님, 훈련을 하면서 여전히 풀리지 않는 숙제가 있습니다. 사이클 1을 그냥 외워버리면 되지 않나요? 한 번 외우고 나서 여러 번 반복해서 입에 저장하면 될 것 같은데, 굳이 이렇게 시간을 허비하는 느낌의 훈련을 하는지 모르겠습니다."

신입 코치 정하영은 볼멘소리를 했다.

"당장은 그 방법도 좋다는 속삭임이 있을 겁니다. 지름길을 찾고 싶은 게 사람의 본성이니까요. 사이클 1이 갖는 의미를 정확히 알아야 합니다. 사이클 1을 잘해서 영어를 잘해보자는 것이 아닙니다. 사이클 1을 통해서 언어의 원천기술인 언어적 사고 장치를 심어주고 싶은 겁니다. 씨앗이 되는 단어와 문장을 말해내는 힘을 길러내지 못한 채, 학습량이나 지식량을 늘리다 보면 부작용 같은 것이 생깁니다. 외워버리고 싶다는 충동 같은 것이 끊임없이 괴롭게 된다는 말이죠. 또한 외워서 입에 저장하는 것과 외우지 않고 입에 저장되는 것의 차이는 잠재의식 훈련에 영향을 미치게 됩니다. 외우지 않은 사람은 잠재의식 훈련에서 자연스럽게 단어와 문장을 조합해서 새로운 문장을 만드는 힘이 형성되지만, 외워서 입에 익힌 사람은 단어와 문장을 조합해서 새로운 문장을 만드는 것을 굉장히 어려워합니다. 외웠다는 것은 화석과 같이 굳어버리는 경향이 있죠. 유연성을 잃어버린다는 말이기도 합니다."

폴 코치의 설명에 정하영 코치는 큰 짐 하나를 내려놓는 경험을 하게 되었다.

모든 코치들이 훈련하고 코칭을 하는 모습을 지켜본 제임스 코치는 모두에게 하고 싶은 말이 생겼다. 훈련하던 것을 멈추고 강당 중앙에 모이도록 지시했다.

"여러분, 훈련에 임하는 모습이 진지하고 열정을 다하는 것 같아 뿌듯합니다. 한 가지만 말씀드리고 싶습니다. 많은 사람들이 방법과 기능만 자기 것으로 만들고 싶어 합니다. 그래서 '왜'라는 본질적인 질문은 하지 않고 '무엇을', '어떻게'라는 목적성 질문을 하게 되죠. 훈련하면서 안 되는 부분들과 넘지 못하는 그 무엇을 찾는 과정도 중요하지만, 훈련의 본질을 파악하는 것이 중요합니다. 본질의 흐름을 놓치면 보이는 것만 보게되고 그것으로 인해 자기 생각으로 판단하고 행동하게 됩니다. 그때부터 자신에게 속게 됩니다. 자신을 믿고 있지만, 믿지 못하는 것이 자신이기도 하죠. 보이는 것이 사실이기도 하지만, 그 사실이 본질에서 벗어난 사실이라면 속게 됩니다."

"흑인 장군과 백인 아내가 진심으로 사랑해서 결혼을 했습니다. 그런데, 미혹하는 자가 흑인 장군에게 백인 아내는 흑인을 싫어한다고 거짓 사실을 알려줍니다. 흑인 장군은 그날부터 아내의 모든 말과 행동을 의심하기 시작합니다. 미혹하는 자는 백인 아내에게 당신의 남편이 당신을 의심한다고 사실을 알려줍니다. 이때부터 백인 아내도 남편의 행동이 이상하게 여겨지기 시작하죠. 두 사람이 서로 의심을 갖기 시작하면서 서로 사랑하고 있다는 본질은 사라지고 말았죠. 결국 흑인 장군은 자신의 아내를 죽이고 나서야 모든 사실이 거짓이었다는 것을 알게 됩니다."

"여러분도 알다시피, 이런 일들이 우리 삶 속에서도 비일비재합니다. 사이클 1을 훈련하는 이유는 분명합니다. 씨앗이 되는 단어와 문장을 통해 언어적 사고 장치를 심어줌으로써 언어의 원천기술을 만들어주고자 하는 것입니다. 이게 본질이고 핵심입니다. 이 사실을 잊지 마십시오."

제임스 코치의 간절한 당부였다. 우리는 자신이 알고 있는 것이 사실이라고 믿고 산다. 그 근원이 무엇인지는 깊이 생각하지 않고 자신의 생각·감정·의지를 존중하고 의존한다. 자신의 자존심을 내려놓는다는 것은 존재 자체를 송두리째 부인하는 일이기에 결코 쉽지 않다. 자신을 비운 채 단순함과 순수함으로 새로운 것을 받아들이면 그 길의 무게가 가벼울 수밖에 없다. 비우지 않으면 그 안에 새로운 것을 담기가 어렵다. 그래서 고통을 겪게 되는 것이다. 간단한 논리다. 자신의 생각·감정·의지를 비우면 모든 것이 쉬워진다.

06

기록이 말하는 '나' vs
느낌이 말하는 '나'

Miracle English Coaching

기러기가 수백 km를 날아서 자신의 고향으로 돌아가는 것은 어디에 기록된 것일까? 한 번도 가본 적이 없는 고향을 지도도 없이 가는 것은 느낌일까? 아니면 기러기 안에 이미 심어진 본능일까? 조상으로부터 전해져 내려오는 경험으로 기록된 느낌이 본성 안에 심어져 있는 DNA 문제는 아닐까?

단체 훈련이 시작된 지 한 달 만에 잠재의식 훈련을 마스터한 코치들이 탄생하면서 씨앗이 되는 단어와 문장을 활용하여 자유자재로 말을 하기 시작했다. 그뿐만이 아니었다. 다음 단계 훈련도서를 주더라도 아주 쉽게 빠르게 읽는 모습에 자신감이 묻어있었다. 이영한 가족 모두 훈련을 훌륭하게 마스터했다. 코치들 앞에서 전혀 떨림도 없이 즐기듯 원어민과 일상적인 대화를 영어로 하는 모습까지 볼 수 있었다. 정말 장족의 발전이었다. 6~7개월 만에 자신의 목표를 달성한 이영한 가족은 기쁨과 즐거움으로 가득했다.

"코치분들에게, 혹은 가족들에게 한마디씩 해주시면 좋을 것 같네요."

이영한 코치는 마이크를 잡고 한동안 말을 잇지 못했다. 처음 센터에 왔을 때부터 지금에 이르기까지 순간순간이 파노라마처럼 스쳐 지나갔다.

"영어코치라는 길을 갈 수 있도록 격려해준 가족에게 너무 고맙습니다. 무엇보다 우리 가족이 영어를 통해 사랑이 회복될 수 있었습니다. 언어라는 것이 서로 사랑을 전하기 위한 것임을 처음 알게 되었죠. 처음 훈련할 때는 기록과 기록이 경쟁을 했고, 나중에는 기록과 제 자신과의 싸움의 연속이었습니다. 기록을 통해 저를 본다는 것이 한 면으로는 고통이었습니다. 회사에서도 성과에 따라 직책과 연봉이 책정되듯이 말이죠. 하지만, 영어코치를 하겠다고 결심한 다음부터는 기록은 저를 똑바로 볼 수 있는 바로미터 역할을 해주었습니다. 기록에 따라 그날의 나를 볼 수 있었죠. 참 신기했습니다. 메타인지 향상이 높아질수록 제 자신감이 향상되었고, 반의식 훈련에서 잠재의식 훈련으로 넘어갈 때, 새로운 문장을 만들어내는 수치가 높아졌다는 실제가 저를 증명해주더군요. 그래서 영어는 과학이며 기술이라는 사실을 저 스스로가 증명할 수 있게 되었습니다. 이 사실은 더 이상 남의 것이 아니라 주관적으로 경험한 제 것입니다. 다른 코치님들도 분명히 경험하실 겁니다. 아무

걱정하지 마시고 그냥 쭉 하시면 됩니다. 오늘의 저를 있게 해주신 제임스, 폴 코치님께 감사를 전합니다. 이제 저도 두 분의 사명이자 제 사명이 된 영어 대중화를 위해 힘을 보탤 수 있게 되었으니, 이것으로 지난 모든 악연의 아픔은 무덤에 묻는 거로 하겠습니다."

제임스, 폴 코치와 모든 코치들이 힘찬 박수를 보냈다.

"저는 김 소심 코치입니다. 이름처럼 소심했던 사람이 이렇게 많은 사람 앞에서 떨지 않고 말을 하고 있으니 이름을 소심에서 대담으로 개명해야 할 것 같네요."

모두 웃음바다가 되었다. 언제부턴가 김 코치는 대담한 사람이 되어 있었다.

"영어코치를 시작한 계기는 자식들 때문인데, 그 혜택은 제가 보는 것 같습니다. 학부모였던 저를 부모가 될 수 있게 해주셨고, 자식 욕심으로 떠날 뻔했던 저를 붙잡아 주셨죠. 저에게 영어코치란 기적입니다. 자식을 위해 시작했던 것이 자식들이 즐겁게 스스로 학생 영어코치가 되어 있으니 기적이죠. 또한 제가 영어로 원어민과 대화를 한다는 것도 기적입니다. 기록 속에서 저의 변화를 하나씩 발견하게 됩니다. 한 단어도 떠오르지 않았던 제가 훈련 기록을 통해 그 변화의 실재를 확인할 수 있었죠. 기록의 실제는 제 자신감의 변화량과 비례한다는 느낌이 들 때도 많았던 것 같습니다. 기록은 확신이라는 느낌표로 다가왔습니다. 훈련을 했다는 뿌듯함이 아니라 훈련을 통해 무엇을 얻었는지 기록하는 과정에서 여러 모양의 '나'를 발견하며 전진할 수 있었습니다. 다른 코치님들도 분명히 저와 비슷한 길을 가게 될 겁니다. 기록이 말하고 있고 확신이라는 느낌이 말하고 있으니까요."

모두들 국회의원 선거 유세를 하는 것처럼 달변가가 되어 있었다. 서로가 느끼고 겪는 과정을 리얼하게 설명한 김 코치에게 뜨거운 박수로 보답했다.

"오늘은 저희 가족의 날인가 봅니다. 저는 소감을 말씀하신 두 분의 첫째 아들, 광혁이라고 합니다. 다시 소개하면 학생 영어코치 이광혁입니다."

자신을 소개하며 코치들에게 큰 절을 하자, 모두들 박수갈채를 보냈다.

"저는 부모님 덕에 여기 이렇게 설 수 있었습니다. 공부 때문에 가출도 하고 학원도 안 가고 학원비로 PC방을 갔던 기억이 있습니다. 저도 힘들었죠. 공부는 제 취미가 아니니까요. 제가 공부를 못한다는 것을 아셨는지, 아니면 돈 낭비라 생각하셨는지 학원을 쉽게 해주셨죠. 완전 좋았죠. 나름 공부한다고 못 했던 게임을 열심히 할 수 있었으니까요. 그러던 어느 날, 부모님이 영어코치라는 것을 하신다고 하면서 우리들의 운명은 바뀌게 됩니다. 외우지 않아도 되는 공부가 어디 있겠습니까! 특히 영어가? 게임을 하듯 즐겼던 영어는 어느 날 모국어처럼 자연스러워졌죠. 제가 익힘의 즐거움을 알았다는 것은 축복입니다.

앞으로 다른 언어도 같은 방식으로 익혀보려고 합니다. 유대인도 3~4개 국어는 한다는데, 우리도 가능하지 않을까요? 원천 기술을 익힌 사람인데 말이죠. 기대하시죠. 제 다음 목표는 중국어, 스페인어 등등 3개 국어를 하는 겁니다. 제임스, 폴 코치님! 부모 몰래 센터 찾아간 날, 저희 가족을 지켜주셔서 감사합니다."

학생 영어코치가 탄생했으니 얼마나 좋았을까. 모두 손을 흔들고 환호성을 질렀다.

"저는 둘째 아들, 이승국입니다. 아직 많이 어리지만, 영어는 기가 막히게 잘합니다. 저는 가끔 한국말을 하는지 영어를 하는지 모를 때가 많아요. 상관없어요. 영어를 할 수 있어서 좋아요. 외국에 나가서 영어를 할 수 있다는 생각만 하면 흥분되거든요. 제 또래 친구들도 많이 사귈 생각입니다. 다른 분들도 저처럼 단순하게 하시면 되지 않을까요? 감사합니다."

3~4명의 코치가 더 자신의 이야기를 전하고 있었다.

제임스, 폴 코치는 코치들이 체험사례를 들으면서 더욱 확신을 하게 되었다. 6~7개월이면 충분히 씨앗이 되는 단어와 문장을 언어적 사고 장치로 심고도 남는 기간이다. 이 장치만 잘 심어지면 독서나 학습을 통해서 스스로 자신의 관심 분야와 전문 분야로 확장해 나가면 되는 것이었다. 전 세계의 아이들이 말을 시작하고 나서 학습이라는 공부를 했다는 사실을 간과하고 있어서 안타깝다. 학습을 통해서 말을 배웠다고 착각해서는 단언컨대 언어를 익힐 수 없다는 것을 많은 사람이 알기를 바라는 마음이 간절했다.

07

다양한 메타인지 향상
코칭기술을 체득하자

Miracle English Coaching

기능은 익히는 것이고, 기술은 원리에 기능을 더한 것이다. 기능은 몸으로 익히는 것이고 기술은 몸으로 익힌 것을 설명할 수 있는 원리를 가지고 있다는 말이다. 인생을 사는 것은 기능적인 것이며 삶을 사는 것은 기술을 갖춘 것이다. 삶에는 기술이 필요하다. 자신을 설명할 수 있어야 하니까.

제임스, 폴 코치는 전체 훈련 과정을 진행하면서 '1°C의 기적'에 대한 코칭의 필요성을 느끼던 찰나에 메타인지에 대한 질문이 나오게 되었다.

"우리는 자신이 어떤 사람인지 모르죠. 어떤 사건이나 사고 혹은 돌발 상황이 발생해야지만 자신의 정체성이 드러납니다. 다양한 환경의 변수들을 만나면서 모난 곳이 깎이고 내면은 강해지기 마련이죠. 영어코칭도 마찬가지입니다. 기본 원리 안에서 훈련을 하지만, 사람마다 영어를 접하면서 갖게 된 고정관

넘과 트라우마가 다르기에 그 틀을 벗어나는 과정이 조금씩 다를 수 있습니다. 그래서 영어코치가 되기 위한 미세조정, 즉 튜닝을 해줘야만 하죠. 가장 많은 사람들이 메타인지 향상에서 어려움을 겪습니다."

"왜냐하면, 첫째, 자신이 메타인지를 하고 있는지 외운 것을 떠올리는 것인지 모르기 때문이고, 둘째, 사람마다 메타인지 향상을 이끌어내는 수단과 방법이 다를 수 있기 때문이며, 셋째, 훈련 단어와 문장을 떠올리는 것과 새로운 문장을 떠올리는 것이 다르다고 여기기 때문입니다."

"첫 번째 어려움을 해결하기 위해서는 메타인지라는 훈련 자체를 연습해봐야 합니다. 영어가 아니더라도 자신이 집에 가는 길을 떠올리면서 생각나는 거리나 간판 그리고 건물명 등을 적어보는 거죠. 이것이 메타인지입니다. 외우지 않았다는 것을 스스로 알기 때문이죠. 그런데, 메타인지를 높이자고 훈련하면서 몇 개의 단어나 문장만 머릿속에 기억하고 나머지는 흘려보내면서 훈련을 하는 코치들은 훈련량이 많아지면 어려움을 심하게 겪게 될 겁니다. 자신의 관심 분야를 가지고 메타인지 훈련을 하면 외운 것과 기억나는 것의 차이를 구분할 수 있게 됩니다."

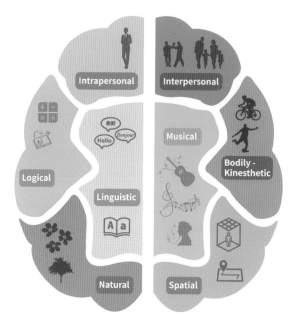

[Multi - Intelligence Theory]

"두 번째 이유가 가장 보편적인 어려움에 속합니다. 뇌에 대한 다양한 이론이 있는데, 특히 다중지능이론을 보면 사람마다 8가지 지능인 언어, 수학 논리, 신체, 대인 관계, 자아 성찰, 음악, 자연, 공간 지능이 있고 강점 지능과 약점 지능이 다르다는 거죠. 언어 지능이 높은 사람이 있고, 신체 지능이 높은 사람이 있다는 겁니다. 물론 수학 지능이 높은 사람도 있겠죠. 이런 이유로 손과 몸동작을 하며 '외우지 않고 큰 소리로 빠르게 리듬 읽기'로 훈련을 한 후, 메타인지를 어떻게 향상시킬 것인가를 고민해야 합니다. 이것이 다양한 메타인지 향상 기술코칭을 해야 하는 이유입니다.

"언어+대인 관계 지능이 높은 사람은 '동문서답 말하기'와 '1분, 3분 말하기', 'One Word / Two Words Speaking'과 같은 메타인지 향상 기술을 적용해야 하겠죠. 수학 논리+자아 성찰 지능이 높은 사람은 '릴레이 말하기', '단어나 문장 연결 지어 말하기', '시간폭탄 말하기'를 활용하면 좋겠죠. 음악+신체 지능이 높은 사람은 가사를 영어로 바꾸거나 음악의 속도에 따라 훈련 속도를 조절하거나 음악 속도에 맞춰 메타인지 체크를 하는 방식이 적용될 수 있습니다. 공간 지능이 높은 사람은 플래시 카드를 활용해서 빠른 속도로 카드를 넘기면서 떠오르는 단어를 체크하는 방식도 있겠죠. 그러나 분명한 사실은 우리 조상들과 유대인의 언어습득 방식이 가장 보편적이라는 점은 잊지 마십시오. 보편성 위에 차이점을 보완하는 의미에서 메타인지 향상 기술코칭을 추가한다는 사실입니다. 또한 메타인지 체크는 반드시 일정한 시간 안에 이뤄져야 합니다. 제한된 시간 안에 체크해야 메타인지 측정이 가능한 것이죠. 보통 훈련 시간만큼 메타인지 체크 시간을 준다고 생각하면 됩니다. 파트별 훈련이면 각 파트별 훈련 시간만큼, 전체 사이클 훈련이면 그 시간만큼 메타인지 측정 시간을 주도록 한다는 점은 잊지 마세요. 마지막 이유를 해결하기 위해서는 '1분 말하기'라는 메타인지 향상 기술 코칭을 하면서 일정 패턴의 한 문장을 가지고 단어를 계속 치환해보는 겁니다. 예를 들면, I like Orange라는 문장이 있으면 'I like Orange'를 계속 반복하면서 떠오르는 새로운 단어가 있으면 'orange' 대신 떠오른 단어를 말하는 방식이죠. 이렇게 1분 동안 말을 해보는 겁니다. 몇 개의 단어로 문장을 만들었는지 확인하면 메타인지 체크가 가능합니다. 같은 방식으로 다른 문장으로 똑같이 하다 보면 점점 새로운 문장 만들기가 쉬워지죠."

코치들은 받아 적느라 정신이 없었다. 뭔가 풀리지 않는 수수께끼를 푼 느낌이랄까. 바로 훈련에 적용해보고 싶어 하는 눈치들이었다.

08

훈련에서
1개월, 3개월, 6개월이 갖는 의미

Miracle English Coaching

시간 속에서 묻어나는 명품의 향기가 있다. 시간이 명품을 만드는 것이 아니라 명품이 시간 속에서 진가를 발휘한다. 시간의 인내 안에서 자신이 만들어가는 모습에도 명품이 있다.

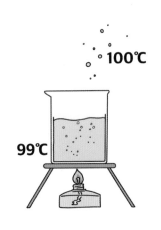

정예요원 80명은 하루도 쉬지 않고 훈련과 코칭을 겸하며 코치의 향기를 입혀가고 있다. 제임스, 폴 코치는 정예요원을 볼 때마다 자꾸 10년 전에 꿈꿔왔던 '영어코치 10만 명 양성'이라는 기도 제목이 떠오르곤 했다. 80명을 10만 명에 비교할 수 없

지만, 10만 명의 열매를 80명의 씨앗이 품고 있으니 얼마나 행복한지 모른다. 훈련 개월 수는 차이가 있지만, 그 시기를 잘 견디며 한 걸음씩 전진하는 모습이 보인다. 훈련 1개월 차는 물가에 내놓은 아이처럼 불안하기만 하다. 세상의 패러다임과 고정관념에서 벗어나기 위해 안간힘을 쓸 시기다. 자기를 붙잡고 있는 수많은 관념들로 복잡하다. 어려운 영어가 쉽다는 생각의 틀이 잡히기까지 애쓰는 모습이 얼음 상태에 있는 물이 순식간에 녹아서 물이 되기를 바라는 마음과 같다. 3개월쯤 되면, 훈련도 익숙해지고 메타인지도 향상되는 것이 보이기 시작할 때다. 동시에 자신과의 싸움이 극에 달하는 시기이기도 하다. 자신의 부정적 자아와 열정, 목표와의 싸움에서 일진일퇴를 거듭하는 살벌한 전쟁터와 같다. 모든 열정을 이때 소진하지 못하면 포기할 확률이 가장 높기도 하다. 6개월쯤 되면, 마치 액체가 기체가 되듯 분자간의 인력이 완전히 무너지면서 훨훨 날아가는 느낌을 갖게 된다. 자신과의 싸움에서 이긴 자의 자유랄까. 여기까지 가지 못하면 처음부터 다시 시작해야 하는 부담이 다시는 그 길을 가지 못하게 만들고 만다.

물은 반드시 100°C에서 기체가 되는 법칙이 있다. 마지막 1°C가 부족해도 물은 기체가 되지 못하고 액체 상태로 머물게 된다. 이것이 원리며 원칙이다. 영어는 과학이기 때문에 반드시 언어습득의 법칙이 존재한다. 그 법칙대로 하면 영어는 된다는 말이다. 마지막 1°C를 올릴 수 있도록 코치가 늘 함께 하는 것이다. 훈련하는 사람은 자신의 상태가 30°C인지, 79°C인지, 99°C인지 모른다. 만약 누군가가 99°C에서 멈춘 사실을 알았다면 얼마나 슬피 울며 이를 갈겠는가? 긴 인생에서 한 점도 아닌 6개월이 변화와 도전 그리고 지속이라는 인내의 과정을 통해 결실을 맺게 하는 절대적 시간이 될 수 있다. 두 코치는 이들을 보면서 잠시 6개월의 여정을 생각하고 있었다.

TOL 테마파크로
영어 대중화의 포문을 열다

Miracle English Coaching

뜻이 있는 곳에 길이 있다. 마음을 다해 움직이다 보면 그 일이 이뤄지도록 사람이든 행운이든 찾아온다고 한다. 그게 신이 허락한 방법일 것이다. 뿌린 씨만큼 결실을 맺는 것이 자연의 섭리이기도 하다. 마음의 뜻이 크면 클수록 깊고 넓게 마음 밭을 일궈야 한다.

5년 후

티오엘 회장과 두 코치가 함께 준비해 온 TOL 테마파크가 완성되어 대한민국의 명소로 자리 잡게 되었다. 방송과 시민들의 높은 관심으로 많은 기업체들과 정부기관들의 협조 하에 자본과 인력을 지원받을 수 있었다. 용인 에버랜드 면적의 3배 크기의 규모로 중앙에는 커다란 돔이 있고 돔을 중심으로 시냇물이 사방으로 흐르고 있었다. 시냇물이 흐르는 양쪽에는 계절별 12가지 과실나무가 테마파크 경계선까지 심어져 있었다. 사

TOL 테마파크

[TOL 테마파크 계획도]

계절의 꽃과 나무가 돔을 중심으로 원형처럼 둘러싸고 있는 관경이 장관이었다. 사시사철 꽃과 나무를 늘 볼 수 있도록 조경이 되어 있었다. 또한 중앙 돔을 중심으로 방사형으로 모든 시설을 갖추고 있었다. 서쪽으로는 500명의 영어코치들이 거주할 코치펜션 타운과 초등부터 대학까지 교육이 가능한 미네르바 대학형태의 학점은행제로 운영되는 교육시설을 갖추고 있었다. 동쪽으로는 20가지 이상의 다양한 채소와 과일을 직접 체험하고 수확물을 조리하는 요리시설까지 갖춰져 있었다. 체험학습을 온 모든 사람들이 영어코치와 함께 체험할 때 필요한 단어와 문장들을 미리 익히고 농장을 체험할 수 있도록 교육시스템을 갖춘 체험농장이었다. 남쪽으로는 유기농 농장센터와 농장 연구소가 함께 있었다. 테마파크에 거주하거나 이용객들에게 제공할 먹을거리를 개발하고 유통하는 역할을 하는 곳이다. 북쪽으로는 TOL 테마파크를 운영하기 위한 모든 협력업체와 정부기관이 모여 있는 행정타운으로 구성되어 있었다. 중앙돔에는 각종 편의시설이 운집된 종합 쇼핑타운 같지만, 중앙돔의 쇼핑타운을 이용하려면, <자연스럽게 영어가 나오는 미라클 영어코칭>방식으로 단어와 문장을 익혀야만 누릴 수 있는 영어 미션 종합 쇼핑타운인 셈이다.

TOL 테마파크를 이용하는 방법은 매우 독특했다. 입구에 들어서면 <테마파크를 재미있게 즐기는 법>이라는 어플리케이션을 깔면, 전체 지도와 자신의 위치를 알 수 있고, 현 위치에서 가고 싶은 곳을 클릭하면 가는 방법과 그때 필요한 영어 단어와 문장이 팝업처럼 뜬다. 알려준 방식으로 단어와 문장을 훈련하고 50% 이상의 메타인지 체크가 인정되면 가는 방법대로 영어를 사용하면서 이동하도록 시스템이 구성되어 있었다. 테마파크 안에서 만나는 사람에게 영어로 말을 걸면 포인트가 적립되고 적립된 포인트로 편의시설을 이용할 수 있도록 했다.

이 뿐만이 아니다. 교육시설을 이용하면 학점을 이수할 수 있고 세계의 모든 교육기관에서 인정받을 수 있도록 허가를 받았다. 영어코치들은 매일 다양한 형태의 모습으로 이용객들에게 영어로 말을 걸거나 길거리 훈련을 도와주기도 한다.

이곳에서 살기를 원하는 사람은 1년 동안 체류가 가능하며 그 기간에 영어코치가 될 수 있도록 모든 지원을 아끼지 않는다. 영어코치로 활동하기를 원하면 코치 펜션 타운으로 이사가 가능하며 원치 않으면 다른 사람이 이용할 수 있는 체계를 갖추고 있었다. 지자체에서도 지역별로 무상으로 방학동안 영어체험 캠프처럼 학생들의 일정 인원을 보내주면 즐겁게 영어를 마스터하고 돌아갈 수 있도록 프로그램이 짜여 있었다. 대한민국의 수많은 사람들이 거쳐 가면서 영어 대중화의 물결이 흐르기 시작했다. 다녀간 사람은 누구나 다 영어를 할 수 있게 되니, 사람들은 점점 영어에 대한 두려움이 사라지고 있었다. 영어에게 해방을 외치기 시작한 것이다.

3개 국어 동시학습 프로젝트

영어 대중화를 기반으로 다음 목표가 생겼다. 대한민국의 국가경쟁력을 유대인처럼 만드는 것이다. 이미 언어적 사고 장치를 심는 원천기술을 보유하고 있는 영어코치가 다국어코치가 되는 것은 아주 쉬운 일이다. '자연스럽게 다국어가 나오는 미라클 언어코칭'을 증명할 〈3개국어 동시코칭 프로젝트〉에 참여할 지원자를 모집하기 시작했다. 전 세계인들이 가장 많이 사용하는 영어, 중국어, 스페인어를 동시에 익힐 수 있도록 하여 유대인처럼 전 세계를 누비며 지식유목민으로 살아갈 수 있게 될 것이다.

〈자연스럽게 영어가 나오는 미라클 영어코칭〉
훈련도서 활용법

    독자들이 쉽게 훈련을 할 수 있도록 도움을 드리고자 훈련 요령과 핵심만 별도로 정리하고자 한다. 아래의 요령으로 훈련하면서 저자가 제작한 유튜브 동영상과 블로그를 활용하여 훈련하기 바란다. 다시 말하지만, 급한 마음으로 훈련 요령만 가지고 영어를 해보려고 하면 십중팔구는 포기하게 된다. 반드시 본 도서를 자세히 읽어본 후에 훈련을 시도하기 바란다. 씨앗이 되는 단어와 문장이 반드시 입에 저장이 돼야 언어적 사고 장치가 심어진다는 원칙을 잊지 마시길 바란다.

1단계(의식 훈련) : 파트별 훈련 단계

	구분	훈련 목표 시간	메타인지 목표 수
1	파닉스	1분 30초 -1분 40초	50개
2	단어	4분 - 4분 30초	200개
3	TOLSpeaking Tree	2분 - 2분30초	50%

| 4 | 회화 | 3분 30초 - 4분 | 60개 |
| 5 | 전래동화 | 2분 - 2분 30초 | 기억해보기 |

파트별 훈련 목표가 달성되면 전체 훈련으로 넘어가도록 한다. 메타인지 목표가 분명하게 이뤄질 때 전체훈련 효과가 극대화될 수 있다.

2단계(반의식 훈련) : 전체 파트 훈련(사이클) 단계

1단계(의식 훈련) 파닉스부터 전래동화까지 끊임없이 사이클 전체를 훈련하는 과정이며, 훈련 목표 시간은 12분~13분 사이이다. 각 파트별 메타인지 목표는 90%가 되도록 한다. 전래동화는 제외한다. 훈련한 영어와 문장들이 90% 정도 입에서 나올 수 있도록 다양한 메타인지 기술코칭을 아래와 같이 적용해야 한다.

- 기술코칭(1) 동문서답 말하기
- 기술코칭(2) 1분 동안 말하기
- 기술코칭(3) 3분 동안 말하기
- 기술코칭(4) 한 단어, 두 단어 말하기
- 기술코칭(5) 플래시 카드 활용하기(독자 스스로 제작)
- 기술코칭(6) 질문하고 답하기

3단계(무의식) : 잠재의식 훈련

2단계 메타인지 기술 코칭을 통한 무의식 훈련을 이끌어 내는 단계이며, 훈련목표 시간은 11분에서 12분대이다. 잠재의식 훈련 방법은 아래와 같다.

잠재의식 훈련(1) 1분 말하기 : 문장 하나를 계속 말하면서 한 단어를 계속 새로운 단어로 치환하면서 1분 동안 말하기(메타인지 체크 : 새로운 문장을 말할 때마다 개수를 체크해서 계속 늘어나도록 훈련한다)

잠재의식 훈련(2) 3분 말하기 : 요령은 1분 말하기와 동일하다.

잠재의식 훈련(3) 관심 분야 훈련 노트를 제작하여 훈련하기 : 자신이 말하고 싶은 내용이나 관심 분야의 단어와 문장을 훈련도서처럼 정리해서 똑같이 적용하면 잠재의식 훈련에 많은 도움이 될 것이다.

〈자연스럽게 영어가 나오는 미라클 영어코칭〉은 학문 서적이 아니며 그렇다고 한번 읽고 마는 소설책도 아니다. 영어라는 언어를 다루면서 언어가 가지고 있는 본질과 속성에 대해 한 번쯤은 생각해보기를 바라는 마음이다. 언어는 서로의 마음을 전하는 가장 보편적이고 대중적인 표현수단이다. 그렇기 때문에 언어 습득의 과정은 지극히 단순하고 명료하다는 것이다. 씨앗이 되는 단어와 문장만 정확하게 입에 저장이 된다면 이미 그 언어는 마스터한 셈이다.

　함께 참여한 모든 분들이 의기투합하여 3개국어(영어, 중국어, 스페인어) 동시학습 프로젝트를 진행하고 있습니다. 영어, 중국어, 스페인어(다른 언어 추가 가능)를 동시에 코칭하는 〈3개국어 동시코칭 프로젝트〉에 지원한 분들과 새로운 시도를 진행하고 있다. 유아교육 기관과 대안학교 그리고 사립 교육기관에 동시학습법을 적용하면서 많은 사례가 만들어지고 있으며, 이론이나 일시적인 강연이 아닌 실제로 저자들이 운영하는 코칭센터에서 3개 국어로 자유자재로 의사 표현을 하고 있다. 영어 대중화를 넘어 유대인처럼 3~4개 국어를 동시에 익힐 수 있는 길을 열어가고 있다. 2020년 하반기 ~ 2021년 상반기에는 〈자연스럽게 다국어가 나오는 미라클 언어코칭 _ 3개국어 동시코칭 프로젝트〉를 소개하고자 한다. 아시아의 유대인이라는 닉네임에 맞게 언어의 자율성을 회복하기를 희망해본다.

<자연스럽게 영어가 나오는 미라클 영어코칭>

훈련북

- · 파닉스
- · 단어
- · 문법
- · 문장

CONTENTS

LESSON 1

PHONICS

Part 01	Consonant

Part 02	Vowel

No	철자	발음기호			영어 단어	그림
01	b	[b]	[b]	[b]	**b**all	
02	p	[p]	[p]	[p]	**p**en	
03	v	[v]	[v]	[v]	**v**ery	
04	f	[f]	[f]	[f]	**f**our	
05	ph	[f]	[f]	[f]	**ph**one	
06	gh	[f]	[f]	[f]	lau**gh**	
07	t	[t]	[t]	[t]	**t**ime	
08	d	[d]	[d]	[d]	**d**own	
09	k	[k]	[k]	[k]	**k**ey	
10	c	[k]	[k]	[k]	**c**ake	
11	ch	[k]	[k]	[k]	**ch**orus	
12	ck	[k]	[k]	[k]	ro**ck**	
13	g	[g]	[g]	[g]	**g**ood	
14	th	[ɵ]	[ɵ]	[ɵ]	**th**ank	
15	th	[ð]	[ð]	[ð]	**th**is	
16	l	[l]	[l]	[l]	**l**ip	

No	철자	발음기호			영어 단어	그림
17	r	[r]	[r]	[r]	rhino	
18	s	[s]	[s]	[s]	snake	
19	c	[s]	[s]	[s]	city	
20	z	[z]	[z]	[z]	zero	
21	s	[z]	[z]	[z]	music	
22	sh	[ʃ]	[ʃ]	[ʃ]	shrimp	
23	s	[ʃ]	[ʃ]	[ʃ]	sure	
24	c	[ʃ]	[ʃ]	[ʃ]	special	
25	t	[ʃ]	[ʃ]	[ʃ]	patient	
26	ch	[ʃ]	[ʃ]	[ʃ]	machine	
27	s	[ʒ]	[ʒ]	[ʒ]	measure	
28	ch	[tʃ]	[tʃ]	[tʃ]	child	
29	t	[tʃ]	[tʃ]	[tʃ]	picture	
30	tch	[tʃ]	[tʃ]	[tʃ]	pitcher	
31	j	[dʒ]	[dʒ]	[dʒ]	jar	
32	g	[dʒ]	[dʒ]	[dʒ]	giant	

No	철자	발음기호			영어 단어	그림
33	dg	[ʤ]	[ʤ]	[ʤ]	bri**dg**e	
34	h	[h]	[h]	[h]	**h**orn	
35	m	[m]	[m]	[m]	**m**om	
36	n	[n]	[n]	[n]	**n**orth	
37	ng	[ŋ]	[ŋ]	[ŋ]	ki**ng**	
38	qu	[kw]	[kw]	[kw]	**qu**een	
39	wh	[hw]	[hw]	[hw]	**wh**ale	
40	x	[ks]	[ks]	[ks]	fo**x**	
41	x	[gz]	[gz]	[gz]	e**x**ample	
42	w	[w]	[w]	[w]	**w**hite	
43	y	[j]	[j]	[j]	**y**ear	2019 2020 2021

No	철자	발음기호			영어 단어
01	i	[i]	[i]	[i]	fill
02	e	[i]	[i]	[i]	calendar
03	e	[e]	[e]	[e]	desk
04	ea	[e]	[e]	[e]	spread
05	o	[a]	[a]	[a]	bottle
06	a	[æ]	[æ]	[æ]	act
07	u	[ʌ]	[ʌ]	[ʌ]	butter
08	o	[ʌ]	[ʌ]	[ʌ]	coffee
09	ou	[ʌ]	[ʌ]	[ʌ]	couple
10	a	[ə]	[ə]	[ə]	amuse
11	e	[ə]	[ə]	[ə]	her
12	i	[ə]	[ə]	[ə]	capacity
13	o	[ə]	[ə]	[ə]	lion
14	u	[ə]	[ə]	[ə]	supper
15	o	[ɔ]	[ɔ]	[ɔ]	oink
16	oo	[u]	[u]	[u]	cook
17	u	[u]	[u]	[u]	put
18	o	[ou]	[ou]	[ou]	auto
19	oa	[ou]	[ou]	[ou]	coat
20	ow	[ou]	[ou]	[ou]	show
21	e	[i:]	[i:]	[i:]	scene

No	철자	발음기호			영어 단어
22	**ea**	[i:]	[i:]	[i:]	s**ea**l
23	**ee**	[i:]	[i:]	[i:]	sl**ee**p
24	**ie**	[i:]	[i:]	[i:]	p**ie**ce
25	**er**	[ə:r]	[ə:r]	[ə:r]	cl**er**k
26	**ir**	[ə:r]	[ə:r]	[ə:r]	b**ir**d
27	**ur**	[ə:r]	[ə:r]	[ə:r]	f**ur**
28	**ear**	[ə:r]	[ə:r]	[ə:r]	h**ear**d
29	**ar**	[a:r]	[a:r]	[a:r]	g**ar**bage
30	**au**	[ɔ:]	[ɔ:]	[ɔ:]	c**au**se
31	**aw**	[ɔ:]	[ɔ:]	[ɔ:]	s**aw**
32	**a**	[ɔ:]	[ɔ:]	[ɔ:]	b**a**ll
33	**or**	[ɔ:r]	[ɔ:r]	[ɔ:r]	s**or**t
34	**ore**	[ɔ:r]	[ɔ:r]	[ɔ:r]	c**ore**
35	**oar**	[ɔ:r]	[ɔ:r]	[ɔ:r]	s**oar**
36	**our**	[ɔ:r]	[ɔ:r]	[ɔ:r]	f**our**
37	**oo**	[u:]	[u:]	[u:]	st**oo**l
38	**o**	[u:]	[u:]	[u:]	m**o**ve
39	**i**	[ai]	[ai]	[ai]	f**i**ght
40	**y**	[ai]	[ai]	[ai]	st**y**le
41	**a**	[ei]	[ei]	[ei]	r**ai**n

No	철자		발음기호		영어 단어
42	ai	[ei]	[ei]	[ei]	p**ai**n
43	ay	[ei]	[ei]	[ei]	pl**ay**
44	ei	[ei]	[ei]	[ei]	v**ei**n
45	ey	[ei]	[ei]	[ei]	th**ey**
46	oi	[ɔi]	[ɔi]	[ɔi]	**oi**l
47	oy	[ɔi]	[ɔi]	[ɔi]	s**oy**
48	ou	[au]	[au]	[au]	fl**ou**r
49	ow	[au]	[au]	[au]	p**ow**er
50	ere	[iər]	[iər]	[iər]	h**ere**
51	ear	[iər]	[iər]	[iər]	h**ear**
52	eer	[iər]	[iər]	[iər]	d**eer**
53	our	[uər]	[uər]	[uər]	t**our**
54	air	[ɛər]	[ɛər]	[ɛər]	h**air**
55	are	[ɛər]	[ɛər]	[ɛər]	w**are**
56	ire	[aiər]	[aiər]	[aiər]	f**ire**
57	our	[auər]	[auər]	[auər]	**our**
58	ya	[ja]	[ja]	[ja]	**ya**k
59	u	[ju]	[ju]	[ju]	**u**se
60	wa	[wa]	[wa]	[wa]	**wa**sh
61	wo	[wʌ]	[wʌ]	[wʌ]	**wo**n

PHONICS

W \\ M	1 week		2 week		3 week		4 week		Coach Check
month	Time	/Meta	Time	/Meta	Time	/Meta	Time	/Meta	✔
	T	/M	T	/M	T	/M	T	/M	
	T	/M	T	/M	T	/M	T	/M	
	T	/M	T	/M	T	/M	T	/M	
	T	/M	T	/M	T	/M	T	/M	
	T	/M	T	/M	T	/M	T	/M	
	T	/M	T	/M	T	/M	T	/M	
month	Time	/Meta	Time	/Meta	Time	/Meta	Time	/Meta	
	T	/M	T	/M	T	/M	T	/M	
	T	/M	T	/M	T	/M	T	/M	
	T	/M	T	/M	T	/M	T	/M	
	T	/M	T	/M	T	/M	T	/M	
	T	/M	T	/M	T	/M	T	/M	
	T	/M	T	/M	T	/M	T	/M	
month	Time	/Meta	Time	/Meta	Time	/Meta	Time	/Meta	
	T	/M	T	/M	T	/M	T	/M	
	T	/M	T	/M	T	/M	T	/M	
	T	/M	T	/M	T	/M	T	/M	
	T	/M	T	/M	T	/M	T	/M	
	T	/M	T	/M	T	/M	T	/M	
	T	/M	T	/M	T	/M	T	/M	
month	Time	/Meta	Time	/Meta	Time	/Meta	Time	/Meta	
	T	/M	T	/M	T	/M	T	/M	
	T	/M	T	/M	T	/M	T	/M	
	T	/M	T	/M	T	/M	T	/M	
	T	/M	T	/M	T	/M	T	/M	
	T	/M	T	/M	T	/M	T	/M	
	T	/M	T	/M	T	/M	T	/M	
month	Time	/Meta	Time	/Meta	Time	/Meta	Time	/Meta	
	T	/M	T	/M	T	/M	T	/M	
	T	/M	T	/M	T	/M	T	/M	
	T	/M	T	/M	T	/M	T	/M	
	T	/M	T	/M	T	/M	T	/M	
	T	/M	T	/M	T	/M	T	/M	
	T	/M	T	/M	T	/M	T	/M	
month	Time	/Meta	Time	/Meta	Time	/Meta	Time	/Meta	
	T	/M	T	/M	T	/M	T	/M	
	T	/M	T	/M	T	/M	T	/M	
	T	/M	T	/M	T	/M	T	/M	
	T	/M	T	/M	T	/M	T	/M	
	T	/M	T	/M	T	/M	T	/M	
	T	/M	T	/M	T	/M	T	/M	

WORDS

1. 명사

001	**morning** [mɔ́ːrniŋ]	morning	아침	morning
002	**afternoon** [æ̀ftərnúːn]	afternoon	오후	afternoon
003	**evening** [íːvniŋ]	evening	저녁	evening
004	**night** [nait]	night	밤	night
005	**name** [neim]	name	이름	name
006	**family** [fǽməli]	family	가족	family
007	**regards** [rigáːrdz]	regards	안부	regards
008	**day** [dei]	day	하루	day
009	**care** [kɛər]	care	조심	care
010	**tomorrow** [təmɔ́ːrou]	tomorrow	내일	tomorrow
011	**time** [taim]	time	시간	time
012	**today** [tədéi]	today	오늘	today
013	**congratulation** [kəngrætʃuléiʃən]	congratulation	축하	congratulation
014	**passing** [pǽsiŋ]	passing	통과	passing
015	**token** [tóukən]	token	표시	token

016	**mistake** [mistéik]	mistake	실수	mistake
017	**future** [fjúːtʃər]	future	미래	future
018	**Chinese** [tʃàiníːz]	Chinese	중국인	Chinese
019	**Korean** [kəríːən]	Korean	한국인	Korean
020	**birthday** [bəːrθdèi]	birthday	생일	birthday
021	**personality** [pəːrsənǽləti]	personality	성격	personality
022	**person** [pəːrsn]	person	사람	person
023	**work** [wəːrk]	work	일	work
024	**office** [ɔːfis]	office	사무실	office
025	**worker** [wəːrkər]	worker	노동자	worker
026	**hobby** [hábi]	hobby	취미	hobby
027	**picture** [píktʃər]	picture	사진	picture
028	**weekend** [wiːkeˌnd]	weekend	주말	weekend
029	**exercise** [éksərsàiz]	exercise	운동	exercise
030	**kind** [kaind]	kind	종류	kind

031	**movie** [múːvi]	movie	영화	movie
032	**comedy** [kάmədi]	comedy	코미디	comedy
033	**singer** [síŋər]	singer	가수	singer
034	**sports** [spɔːrts]	sports	스포츠	sports
035	**religion** [rilídʒən]	religion	종교	religion
036	**God** [gad]	God	하나님	God
037	**father** [fάːðər]	father	아버지	father
038	**mother** [mʌ́ðər]	mother	어머니	mother
039	**brother** [brʌ́ðər]	brother	형제	brother
040	**question** [kwéstʃən]	question	질문	question
041	**hand** [hænd]	hand	손	hand
042	**restroom** ['restruːm]	restroom	화장실	restroom
043	**airport** [e'rpɔ,rt]	airport	공항	airport
044	**guide** [gaid]	guide	안내원	guide
045	**telephone** [téləfòun]	telephone	전화	telephone

046	**ground** [graund]	ground	땅	ground
047	**snout** [snaut]	snout	주둥이	snout
048	**breath** [breθ]	breath	숨	breath
049	**appearance** [əpíərəns]	appearance	모습	appearance
050	**death** [deθ]	death	죽음	death
051	**body** [bádi]	body	몸	body
052	**friend** [frend]	friend	친구	friend
053	**ear** [iər]	ear	귀	ear
054	**advice** [ædváis]	advice	조언	advice
055	**companion** [kəmpǽnjən]	companion	동반자	companion
056	**approach** [əpróutʃ]	approach	접근	approach
057	**danger** [déindʒər]	danger	위험	danger
058	**misfortune** [misfɔ'rtʃən]	misfortune	불운	misfortune
059	**sincerity** [sinsérəti]	sincerity	진실됨	sincerity
060	**date** [deit]	date	날짜	date

061	August [ɔ:gəst]	August	8월	August
062	day [dei]	day	하루,날/요일	day
063	Tuesday [tjú:zdei]	Tuesday	화요일	Tuesday
064	weather [wéðər]	weather	날씨	weather
065	snow [snou]	snow	눈	snow
066	fox [faks]	fox	여우	fox
067	cluster [klʌstər]	cluster	송이	cluster
068	grape [greip]	grape	포도	grape
069	vine [vain]	vine	포도나무 (덩굴)	vine
070	trick [trik]	trick	요령	trick
071	disappointment [disəpɔintmənt]	disappointment	실망	disappointment
072	hare [hɛər]	hare	토끼	hare
073	feet [fi:t]	feet	발(복수형)	feet
074	pace [peis]	pace	걸음	pace
075	tortoise [tɔ:rtəs]	tortoise	거북	tortoise

076	**wind** [wind]	wind	바람	wind
077	**race** [reis]	race	경주	race
078	**assertion** [əsəːrʃən]	assertion	주장	assertion
079	**proposal** [prəpóuzəl]	proposal	제안	proposal
080	**course** [kɔːrs]	course	경기장	course
081	**goal** [goul]	goal	목표	goal
082	**moment** [móumənt]	moment	잠깐	moment
083	**end** [end]	end	끝	end
084	**wayside** [wei'sai,d]	wayside	길가	wayside
085	**fatigue** [fətiːg]	fatigue	피로	fatigue
086	**bear** [bɛər]	bear	곰	bear
087	**traveler** [trǽvələr]	traveler	여행자	traveler
088	**path** [pæθ]	path	길	path
089	**tree** [triː]	tree	나무	tree
090	**branch** [bræntʃ]	branch	나뭇가지	branch

091	**number** [nʌmbər]	number	번호	number
092	**half** [hæf]	half	반	half
093	**quarter** [kwɔ:rtər]	quarter	4분의 1	quarter

자연스럽게 영어가 나오는 미라클 영어코칭

2 . 대명사

001 **you** [ju]	you	당신	you
002 **I** [ai]	I	나	I
003 **what** [hwət]	what	무엇	what
004 **me** [mi]	me	나를	me
005 **everything** [eˈvriθi,ŋ]	everything	모든 것	everything
006 **they** [ðei]	they	그들	they
007 **this** [ðis]	this	이것	this
008 **it** [it]	it	그것	it
009 **nothing** [nʌθiŋ]	nothing	아무것도 (없음)	nothing
010 **who** [hu]	who	누구	who
011 **myself** [maisélf]	myself	나 자신	myself
012 **we** [wi]	we	우리	we
013 **herself** [hərsélf]	herself	그녀 자신	herself
014 **he** [hi]	he	그	he
015 **himself** [himsélf]	himself	그 자신	himself

3. 동사

001	**meet** [mi:t]	meet	만나다	meet
002	**are** [ər]	are	이다	are
003	**do** [du]	do	하다	do
004	**am** [əm]	am	이다	am
005	**is** [iz]	is	이다	is
006	**call** [kɔ:l]	call	부르다	call
007	**send** [send]	send	보내다	send
008	**have** [həv]	have	가지다	have
009	**take** [teik]	take	가지고 가다	take
010	**see** [si:]	see	보다	see
011	**may** [mei]	may	...해도 되다	may
012	**help** [help]	help	돕다	help
013	**would love** [wəd lʌv]	would love	대단히 ...하고싶다	would love
014	**thank** [θæŋk]	thank	감사하다	thank
015	**appreciate** [əpri:ʃièit]	appreciate	고마워하다	appreciate

THANK YOU!

016	**like** [laik]	like	좋아하다	like
017	**welcome** [wélkəm]	welcome	환영하다	welcome
018	**make** [meik]	make	만들다	make
019	**be** [bi]	be	이다, 되다	be
020	**live** [liv]	live	살다	live
021	**describe** [diskráib]	describe	묘사하다	describe
022	**enjoy** [indʒɔ́i]	enjoy	즐기다	enjoy
023	**follow** [fálou]	follow	따르다	follow
024	**believe** [bilíːv]	believe	믿다	believe
025	**rush** [rʌʃ]	rush	서두르다	rush
026	**need** [niːd]	need	필요하다 ...해야 하다	need
027	**go** [gou]	go	가다	go
028	**raise** [reiz]	raise	들어올리다	raise
029	**know** [nou]	know	알다	know
030	**open** [óupən]	open	열다	open

동사(verb)

031	**close** [klouz]	close	닫다	close

032	**use** [juːz]	use	사용하다	use
033	**ask** [æsk]	ask	묻다	ask
034	**follow** [fálou]	follow	이해하다	follow
035	**put it** [put it]	put it	표현하다	put it

036	**say** [sei]	say	말하다	say
037	**get** [get]	get	이해하다	get
038	**can** [kæn]	can	할 수 있다	can
039	**should** [ʃud]	should	...해야 한다	should
040	**come** [kʌm]	come	오다	come

041	**take** [teik]	take	(시간이) 걸리다	take
042	**fall** [fɔːl]	fall	내리다	fall
043	**hang** [hæŋ]	hang	걸다	hang
044	**resort** [rízɔːrt]	resort	기대다 (의지하다)	resort
045	**weary** [wíəri]	weary	지치게 하다	weary

046	**turn** [tə:rn]	turn	돌다	turn
047	**hide** [haid]	hide	숨기다	hide
048	**think** [θiŋk]	think	생각하다	think
049	**ridicule** [rídikjù:l]	ridicule	비웃다	ridicule
050	**reply** [riplái]	reply	대답하다	reply
051	**laugh** [læf]	laugh	웃다	laugh
052	**will** [wil]	will	...할 것이다	will
053	**beat** [bi:t]	beat	이기다	beat
054	**assent** [əsént]	assent	찬성하다	assent
055	**agree** [əgri:]	agree	동의하다	agree
056	**choose** [tʃu:z]	choose	고르다	choose
057	**fix** [fiks]	fix	고정하다	fix
058	**appoint** [əpɔint]	appoint	정하다	appoint
059	**start** [sta:rt]	start	시작하다	start
060	**stop** [stap]	stop	멈추다	stop

061	lie [lai]	lie	눕다	lie
062	fall [fɔːl]	fall	넘어지다	fall
063	wake [weik]	wake	깨다	wake
064	move [muːv]	move	움직이다	move
065	reach [riːʧ]	reach	도달하다	reach
066	doze [douz]	doze	졸다	doze
067	win [win]	win	이기다	win
068	travel [trǽvəl]	travel	여행하다	travel
069	climb [klaim]	climb	오르다	climb
070	conceal [kənsíːl]	conceal	감추다	conceal
071	must [mʌst]	must	(틀림없이) ..할 것이다	must
072	attack [ətǽk]	attack	공격하다	attack
073	feel [fiːl]	feel	느끼다	feel
074	smell [smel]	smell	냄새 맡다	smell
075	hold [hould]	hold	가지고 있다	hold

076	feign [fein]	feign	...인 척하다	feign
077	leave [li:v]	leave	떠나다	leave
078	touch [tʌtʃ]	touch	만지다	touch
079	descend [disénd]	descend	내려오다	descend
080	inquire [inkwáiər]	inquire	묻다	inquire
081	whisper [hwíspər]	whisper	속삭이다	whisper
082	give [giv]	give	주다	give
083	desert [dézərt]	desert	버리다	desert
084	test [test]	test	시험하다	test

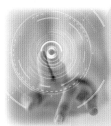

4. 형용사

001	good [gud]	good	좋은	good
002	nice [nais]	nice	즐거운	nice
003	fine [fain]	fine	건강한	fine
004	your [júər]	your	당신의	your
005	same [seim]	same	같은	same
006	all [ɔːl]	all	모든	all
007	my [mai]	my	나의	my
008	a [ə]	a	한, 하나	a
009	sorry [sári]	sorry	미안한	sorry
010	proud [praud]	proud	자랑스러운	proud
011	fantastic [fæntǽstik]	fantastic	환상적인	fantastic
012	glad [glæd]	glad	기쁜	glad
013	wonderful [wʌ́ndərfəl]	wonderful	훌륭한	wonderful
014	flat [flæt]	flat	납작한	flat
015	small [smɔːl]	small	작은	small

016	**that** [ðæt]	that	저	that
017	**right** [rait]	right	괜찮은	right
018	**careful** [kéərfəl]	careful	조심하는	careful
019	**optimistic** [ɑ̀ptəmístik]	optimistic	낙천적인	optimistic
020	**outgoing** [auˈtgouˌiŋ]	outgoing	적극적인	outgoing
021	**romantic** [roumǽntik]	romantic	낭만적인	romantic
022	**favorite** [féivərit]	favorite	좋아하는	favorite
023	**many** [méni]	many	많은	many
024	**young** [jʌŋ]	young	어린	young
025	**much** [mʌʧ]	much	많은	much
026	**hot** [hat]	hot	더운	hot
027	**humid** [hjúːmid]	humid	습한	humid
028	**chilly** [ʧíli]	chilly	쌀쌀한	chilly
029	**heavy** [hévi]	heavy	무거운	heavy
030	**famished** [fǽmiʃt]	famished	몹시 배가 고픈	famished

031	**some** [səm]	some	조금	some
032	**ripe** [raip]	ripe	익은	ripe
033	**black** [blæk]	black	검정	black
034	**trellised** [trélised]	trellised	격자 무늬의	trellised
035	**vain** [vein]	vain	헛된	vain
036	**last** [læst]	last	마지막의	last
037	**sour** [sauər]	sour	(맛이)신	sour
038	**short** [ʃɔːrt]	short	짧은	short
039	**slow** [slou]	slow	느린	slow
040	**swift** [swift]	swift	재빠른	swift
041	**her** [hər]	her	그녀의	her
042	**impossible** [impásəbl]	impossible	불가능한	impossible
043	**steady** [stédi]	steady	변함 없는	steady
044	**asleep** [əsliːp]	asleep	잠든	asleep
045	**their** [ðər]	their	그들의	their

046	**other** [ʌðər]	other	다른	other
047	**dead** [ded]	dead	죽은	dead
048	**one** [wʌn]	one	하나, 일	one
049	**two** [tu:]	two	둘, 이	two
050	**three** [θri:]	three	셋, 삼	three
051	**four** [fɔ:r]	four	넷, 사	four
052	**five** [faiv]	five	다섯, 오	five
053	**six** [siks]	six	여섯, 육	six
054	**seven** [sévən]	seven	일곱, 칠	seven
055	**eight** [eit]	eight	여덟, 팔	eight
056	**nine** [nain]	nine	아홉, 구	nine
057	**ten** [ten]	ten	열, 십	ten
058	**zero** [zíərou]	zero	영	zero

1
2
3
4
5
6
7
8
9
10
0

5. 부사

001	**how** [hau]	how	어떠하여	how
002	**too** [tu:]	too	...도	too
003	**please** [pli:z]	please	부디	please
004	**always** [ɔ:lweiz]	always	항상	always
005	**very** [véri]	very	매우	very
006	**well** [wel]	well	잘	well
007	**again** [əgéin]	again	다시	again
008	**not** [nάt]	not	...아니다	not
009	**just** [dʒʌst]	just	그저	just
010	**more** [mɔ:r]	more	더	more
011	**where** [hwɛər]	where	어디에	where
012	**near** [niər]	near	가까이	near
013	**here** [hiər]	here	여기	here
014	**when** [hwən]	when	언제	when
015	**simply** [símpli]	simply	단순하게	simply

016	**there** [ðéər]	there	거기에	there
017	**a little** [ə lítl]	a little	조금	a little
018	**outside** [áutsáid]	outside	밖에	outside
019	**away** [əwéi]	away	다른 데로	away
020	**together** [təgéðər]	together	함께	together
021	**never** [névər]	never	절대...않다	never
022	**straight** [streit]	straight	똑바로	straight
023	**down** [daun]	down	아래로	down
024	**fast** [fæst]	fast	빨리	fast
025	**up** [ʌp]	up	위로	up
026	**comfortably** [kʌmfərtəbli]	comfortably	편안하게	comfortably
027	**suddenly** [sʌdnli]	suddenly	갑자기	suddenly
028	**quickly** [kwíkli]	quickly	빨리	quickly
029	**soon** [su:n]	soon	곧	soon
030	**quite** [kwait]	quite	꽤	quite
031	**jocularly** ['dʒɑːklərli]	jocularly	익살맞게	jocularly

LESSON 2-WORDS **303**

6. 전치사

001	**as** [æz]	as	처럼	as
002	**for** [fɔːr]	for	…위해	for
003	**on** [ən]	on	…위에	on
004	**of** [əv]	of	…의	of
005	**in** [in]	in	…안에	in
006	**at** [æt]	at	…에(시간)	at
007	**by** [bai]	by	~까지(시간)	by
008	**from** [frəm]	from	…에서	from
009	**with** [wɪð]	with	…와 함께	with
010	**after** [æftər]	after	이후에	after
011	**into** [intə]	into	…안으로	into

ON

IN

ABOVE

BETWEEN

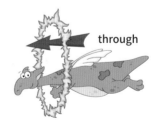

through

7. 접속사

001	**but** [bət]	but	그러나	but
002	**if** [if]	if	만약	if
003	**though** [ðou]	though	비록 ...일 지라도	though

8. 감탄사

001	**hello** [helóu]	hello	안녕하세요	hello
002	**sure** [ʃuər]	sure	물론이죠	sure
003	**no** [nou]	no	아니요	no
004	**well** [wel]	well	글쎄	well

WORDS

W M	1 week		2 week		3 week		4 week		Coach Check
month	Time	/Meta	Time	/Meta	Time	/Meta	Time	/Meta	✔
	T	/M	T	/M	T	/M	T	/M	
	T	/M	T	/M	T	/M	T	/M	
	T	/M	T	/M	T	/M	T	/M	
	T	/M	T	/M	T	/M	T	/M	
	T	/M	T	/M	T	/M	T	/M	
	T	/M	T	/M	T	/M	T	/M	
month	Time	/Meta	Time	/Meta	Time	/Meta	Time	/Meta	
	T	/M	T	/M	T	/M	T	/M	
	T	/M	T	/M	T	/M	T	/M	
	T	/M	T	/M	T	/M	T	/M	
	T	/M	T	/M	T	/M	T	/M	
	T	/M	T	/M	T	/M	T	/M	
	T	/M	T	/M	T	/M	T	/M	
month	Time	/Meta	Time	/Meta	Time	/Meta	Time	/Meta	
	T	/M	T	/M	T	/M	T	/M	
	T	/M	T	/M	T	/M	T	/M	
	T	/M	T	/M	T	/M	T	/M	
	T	/M	T	/M	T	/M	T	/M	
	T	/M	T	/M	T	/M	T	/M	
	T	/M	T	/M	T	/M	T	/M	
month	Time	/Meta	Time	/Meta	Time	/Meta	Time	/Meta	
	T	/M	T	/M	T	/M	T	/M	
	T	/M	T	/M	T	/M	T	/M	
	T	/M	T	/M	T	/M	T	/M	
	T	/M	T	/M	T	/M	T	/M	
	T	/M	T	/M	T	/M	T	/M	
	T	/M	T	/M	T	/M	T	/M	
month	Time	/Meta	Time	/Meta	Time	/Meta	Time	/Meta	
	T	/M	T	/M	T	/M	T	/M	
	T	/M	T	/M	T	/M	T	/M	
	T	/M	T	/M	T	/M	T	/M	
	T	/M	T	/M	T	/M	T	/M	
	T	/M	T	/M	T	/M	T	/M	
	T	/M	T	/M	T	/M	T	/M	
month	Time	/Meta	Time	/Meta	Time	/Meta	Time	/Meta	
	T	/M	T	/M	T	/M	T	/M	
	T	/M	T	/M	T	/M	T	/M	
	T	/M	T	/M	T	/M	T	/M	
	T	/M	T	/M	T	/M	T	/M	
	T	/M	T	/M	T	/M	T	/M	
	T	/M	T	/M	T	/M	T	/M	

TOL SPEAKING TREE
-GRAMMAR-

1 The eight parts of speech (8품사)

- 명대동에 사는 형부는 성은 전 이름은 접감

① **명사**(noun)-**名**(이름명...모든 사물에 이름이 있다) / S(주어), C(보어), O(목적어)

② **대명사**(pronoun)-**代**(대신할대..명사를 대신하는 명사) / S, C, O

③ **동사**(verb)-**動**(움직일동..동작 or 상태) / V(서술어)

④ **형용사**(adjective)-**形**(모양형..성질 상태 수량 대소) 명.대 수식 / C

⑤ **부사**(adverb) -**副**(버금부..돕다. 보좌하다.) 동,형,부 수식 / 문장수식

⑥ **전치사**(preposition)-**前**(앞전)-명.대명사 앞에 위치 명.대랑결합 형용사구 or 부사구

⑦ **접속사**(conjunction)-**接**(사귈접..접속시키는말) 단어+단어 / 구+구 / 절+절

⑧ **감탄사**(interjection)-**感**(느낄감..기쁨, 슬픔, 놀라움 등 표현하는 느낌의 단어)

2 품사와 역할

① **명사**가 문장 속에서 하는 역할은 : S, C, O

  문장 속에서 **S, C, O 역할**을 하는 품사는 : 명사

② **대명사**가 문장 속에서 하는 역할은 : S, C, O

  문장 속에서 **S, C, O 역할**을 하는 품사는 : 대명사

③ **동사**가 문장 속에서 하는 역할은 : V (서술어)

  문장 속에서 **V 역할**을 하는 품사는 : 동사

④ **형용사**가 문장 속에서 하는 역할은 : M(명사 or대명사), C

  문장 속에서 **M**(명사 or 대명사) , **C 역할**을 하는 품사는 : 형용사

⑤ **부사**가 문장 속에서 하는 역할은 : (동사,형용사,부사,문장전체)수식

문장 속에서 (동사,형용사,부사,문장전체) **수식하는 역할**을 하는 품사는 : 부사

⑥ **전치사**가 문장 속에서 하는 역할은 : 명.대랑 결합하여 형용사구 / 부사구

문장 속에서 명.대랑 결합하여 **형용사구 / 부사구 역할**을 하는 품사는 : 전치사

⑦ **접속사**가 문장 속에서 하는 역할은 : 단어와단어 / 구와구 / 절과절을 연결

문장 속에서 **단어와단어 / 구와구 / 절과절을 연결 역할**을 하는 품사는 : 접속사

⑧ **감탄사**가 문장 속에서 하는 역할은 : 감정이나 느낌을 표현하는 독립어

문장 속에서 **감정이나 느낌을 표현하는 독립어 역할**을 하는 품사는 : 감탄사

3 문장의 5 PATTERN   (주요소 : S, V, C, O + 수식어 : M)

※ 문장의 5패턴은 생각을 표현하는 5가지 패턴
※ 수식어는 어디에나 붙을 수 있다.

8품사 나무

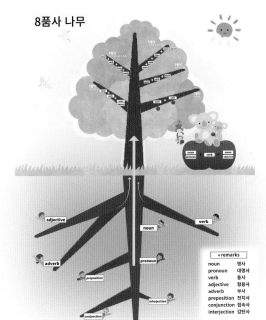

Pattern 1 : S + V

Pattern 2 : S + V + C

Pattern 3 : S + V + O

Pattern 4 : S + V + I.O + D.O

Pattern 5 : S + V + O + O.C

* remarks

noun	명사
pronoun	대명사
verb	동사
adjective	형용사
adverb	부사
preposition	전치사
conjunction	접속사
interjection	감탄사

PATTERN 1   S + V

The sun shines.
The sun shines in the morning.
The sun that is round shines.

He worries.
He worries about his future.
He who is teacher worries about his future.

People eat.
People eat to live.
People who live in the world eat to live.

The bus arrived.
The bus arrived at the bus terminal.
The bus which made in Korea arrived.

8품사 나무

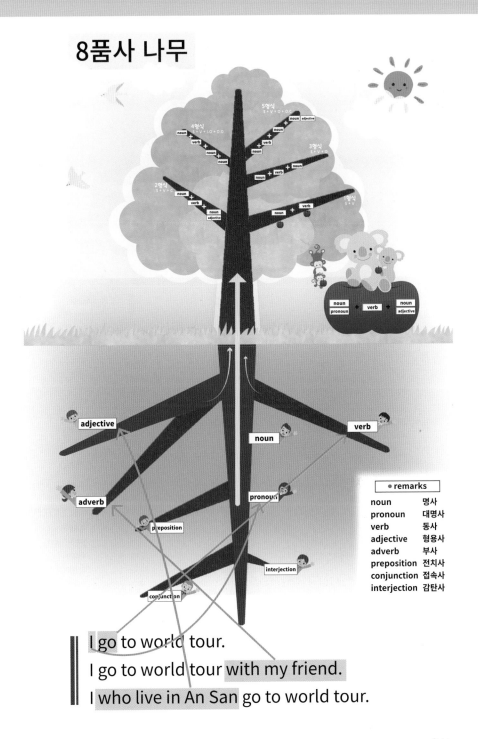

- remarks

noun	명사
pronoun	대명사
verb	동사
adjective	형용사
adverb	부사
preposition	전치사
conjunction	접속사
interjection	감탄사

I go to world tour.

I go to world tour with my friend.

I who live in An San go to world tour.

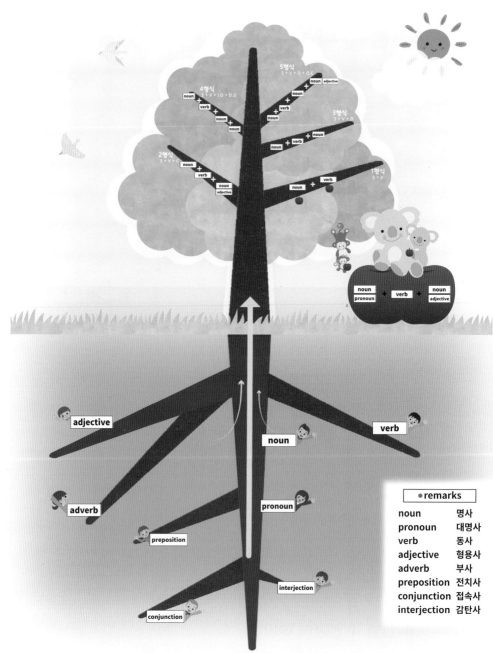

* 각 패턴별 TOL Speaking Tree 활용에 대한 부연 설명은 저자가 운영하는
카페를 참조하시기 바랍니다. (https://cafe.naver.com/miraclecoaching)

PATTERN 2   S + V + C

It is certain.
It is certain for sure.
That he will come is certain.

Amy is a coach.
Amy is a coach for English.
Amy who is an expert in English is a coach.

That book is blue.
That book on the table is blue.
That book which belongs to Alex is blue.

Chris is happy.
Chris is happy because of you.
Chris who is an English coach is happy.

They are students.
They are students of Brian's.
They are students who study hard.

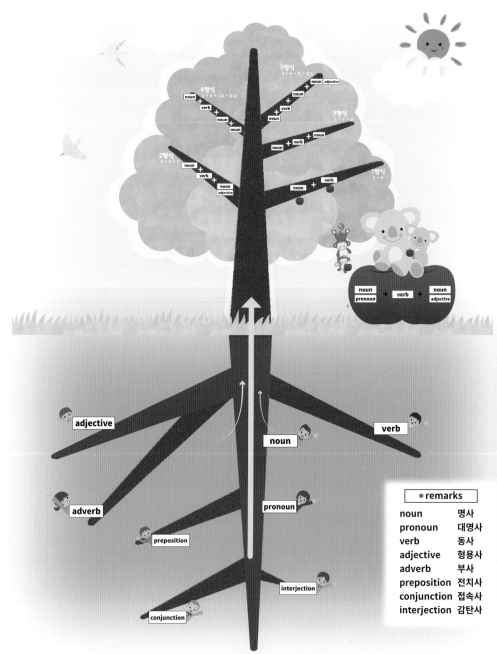

5형식
S + V + O + O.C

noun adjective

4형식
S + V + I.O + D.O

noun

verb

noun

noun

noun

verb

noun

3형식
S + V + O

noun + verb + noun

2형식
S + V + C

noun

verb

noun

adjective

noun

verb

1형식
S + V

noun			
pronoun	+	verb	+

noun
adjective

adjective

noun

verb

adverb

pronoun

preposition

interjection

conjunction

＊각 패턴별 TOL Speaking Tree 활용에 대한 부연 설명은 저자가 운영하는

카페를 참조하시기 바랍니다.(https://cafe.naver.com/miraclecoaching)

PATTERN 3   S + V + O

He wrote a letter.
He wrote a letter with black ink.
He who is incharge wrote a letter.

I like cats.
I like cats with white color.
I like cats that have white colored fur.

He stopped drinking.
He stopped drinking to go home.
He who was getting drunk stopped drinking.

She speaks French.
She speaks French with perfect accent.
She speaks French which she learned in High School.

I don't know the man.
I don't know the man in black.
I don't know the man who is standing in the corner.

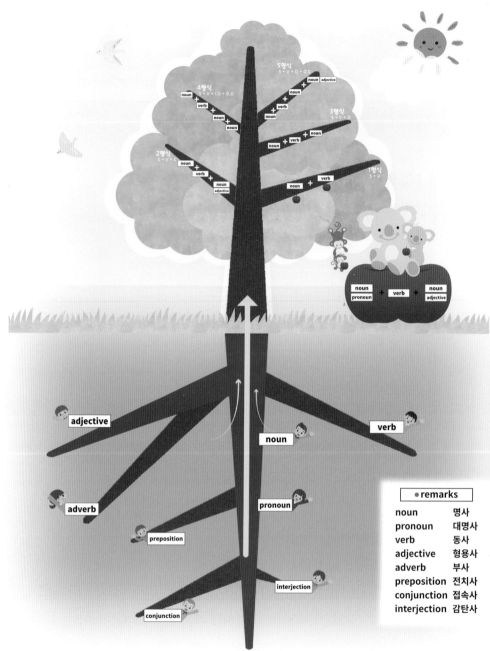

* 각 패턴별 TOL Speaking Tree 활용에 대한 부연 설명은 저자가 운영하는
카페를 참조하시기 바랍니다. (https://cafe.naver.com/miraclecoaching)

자연스럽게 영어가 나오는 미라클 영어코칭

S + V + I.O + D.O

They sent me a present.
They sent me a present for my birthday.
They sent me a present that made me happy.

She gave me a book.
She gave me a book 3days ago.
She who is my friend gave me a book.

I told her my love.
I told her my love for the first time.
I told her who I fell in love with at first sight my love.

He showed me something.
He showed me how to cook.
He who is a coach showed me how to cook.

He gave us a gift.
He gave us a gift to remember memories.
He gave us a gift that was made in Korea.

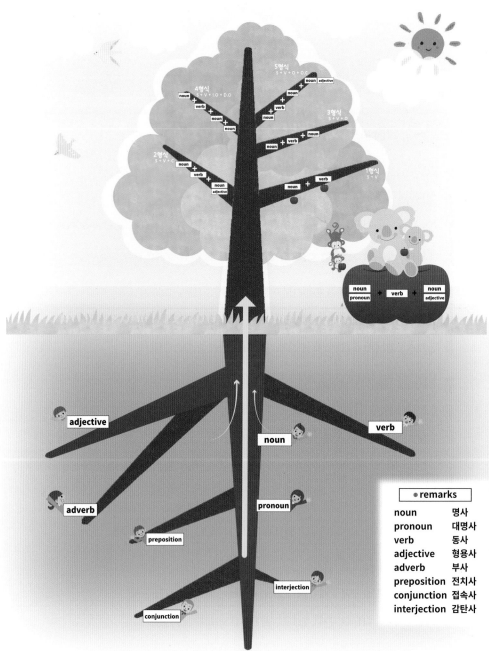

* 각 패턴별 TOL Speaking Tree 활용에 대한 부연 설명은 저자가 운영하는

카페를 참조하시기 바랍니다. (https://cafe.naver.com/miraclecoaching)

PATTERN 5 S + V + O + O.C

I found this book horrible.
I found this book horrible to read.
I found this book which made me fall asleep horrible.

They elected me the president.
They elected me the president of Korea.
They the people of Korea elected me the president.

They set the birds free.
They set the birds free to live.
They set the birds which were in the cave for long free.

She asked him to move.
She asked him to move her baggage.
She who is a coach asked him to move.

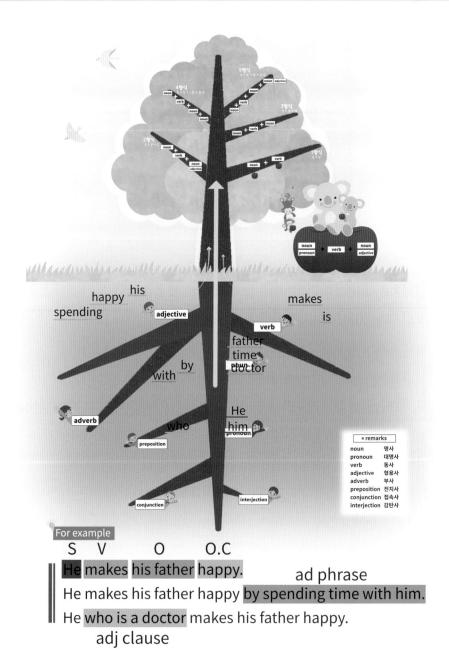

For example

S	V	O	O.C

He makes his father happy.

ad phrase

He makes his father happy by spending time with him.

He who is a doctor makes his father happy.

adj clause

* 각 패턴별 TOL Speaking Tree 활용에 대한 부연 설명은 저자가 운영하는
카페를 참조하시기 바랍니다. (https://cafe.naver.com/miraclecoaching)

GRAMMAR

W M	1 week		2 week		3 week		4 week		Coach Check
month	Time	/Meta	Time	/Meta	Time	/Meta	Time	/Meta	✔
	T	/M	T	/M	T	/M	T	/M	
	T	/M	T	/M	T	/M	T	/M	
	T	/M	T	/M	T	/M	T	/M	
	T	/M	T	/M	T	/M	T	/M	
	T	/M	T	/M	T	/M	T	/M	
	T	/M	T	/M	T	/M	T	/M	
month	Time	/Meta	Time	/Meta	Time	/Meta	Time	/Meta	
	T	/M	T	/M	T	/M	T	/M	
	T	/M	T	/M	T	/M	T	/M	
	T	/M	T	/M	T	/M	T	/M	
	T	/M	T	/M	T	/M	T	/M	
	T	/M	T	/M	T	/M	T	/M	
	T	/M	T	/M	T	/M	T	/M	
month	Time	/Meta	Time	/Meta	Time	/Meta	Time	/Meta	
	T	/M	T	/M	T	/M	T	/M	
	T	/M	T	/M	T	/M	T	/M	
	T	/M	T	/M	T	/M	T	/M	
	T	/M	T	/M	T	/M	T	/M	
	T	/M	T	/M	T	/M	T	/M	
	T	/M	T	/M	T	/M	T	/M	
month	Time	/Meta	Time	/Meta	Time	/Meta	Time	/Meta	
	T	/M	T	/M	T	/M	T	/M	
	T	/M	T	/M	T	/M	T	/M	
	T	/M	T	/M	T	/M	T	/M	
	T	/M	T	/M	T	/M	T	/M	
	T	/M	T	/M	T	/M	T	/M	
	T	/M	T	/M	T	/M	T	/M	
month	Time	/Meta	Time	/Meta	Time	/Meta	Time	/Meta	
	T	/M	T	/M	T	/M	T	/M	
	T	/M	T	/M	T	/M	T	/M	
	T	/M	T	/M	T	/M	T	/M	
	T	/M	T	/M	T	/M	T	/M	
	T	/M	T	/M	T	/M	T	/M	
	T	/M	T	/M	T	/M	T	/M	
month	Time	/Meta	Time	/Meta	Time	/Meta	Time	/Meta	
	T	/M	T	/M	T	/M	T	/M	
	T	/M	T	/M	T	/M	T	/M	
	T	/M	T	/M	T	/M	T	/M	
	T	/M	T	/M	T	/M	T	/M	
	T	/M	T	/M	T	/M	T	/M	
	T	/M	T	/M	T	/M	T	/M	

SENTENCE

001
Good morning.
Good morning.
안녕하세요. (아침)
Good morning.

002
Good afternoon.
Good afternoon.
안녕하세요. (점심)
Good afternoon.

003
Good evening.
Good evening.
안녕하세요. (저녁)
Good evening.

004
Good night.
Good night.
안녕히 주무세요. (밤)
Good night.

005
Hello.
Hello.
안녕하세요.
Hello.

006

Hello. Nice to meet you.

Hello. Nice to meet you.
안녕하세요. 만나서 반가워요.
Hello. Nice to meet you.

007

How are you doing?

How are you doing?
어떻게 지내세요?
How are you doing?

008

I'm fine. How are you?

I'm fine. How are you?
잘 지내고 있어요. 당신은요?
I'm fine. How are you?

009

I'm fine, too.

I'm fine, too.
저도 잘 지내고 있어요.
I'm fine, too.

010

What's your name?

What's your name?
성함을 여쭤 봐도 될까요?
What's your name?

011
Please call me Jin Su.

Please call me Jin Su.
진수라고 불러 주세요.
Please call me Jin Su.

012
How is everything?

How is everything?
별일 없으시죠?
How is everything?

013
Same as always.

Same as always.
항상 똑같죠.
Same as always.

014
How's your family?

How's your family?
가족들은 모두 안녕하세요?
How's your family?

015
They are all very well.

They are all very well.
네, 모두 잘 지내고 있어요.
They are all very well.

016

Send my regards to your family.

Send my regards to your family.
가족에게 안부 전해 주세요.
Send my regards to your family.

017

Good bye. Have a nice day.

Good bye. Have a nice day.
네, 좋은 하루 보내세요.
Good bye. Have a nice day.

018

Good day.

Good day.
수고하세요.
Good day.

019

Take care.

Take care.
살펴 가세요.
Take care.

020

Bye, see you tomorrow.

Bye, see you tomorrow.
안녕, 내일 봐요.
Bye, see you tomorrow.

▌PART 02 Request/Accept/Denial

021

See you again.

See you again.
또 봅시다.
See you again.

022

Excuse me.

Excuse me.
실례합니다.
Excuse me.

023

Yes, how may I help you?

Yes, how may I help you?
네, 무엇을 도와드릴까요?
Yes, how may I help you?

024

Could you do this for me?

Could you do this for me?
이것 좀 해 주세요.
Could you do this for me?

025

Please.

Please.
부탁합니다.
Please.

026

Could you give me a hand with this?

Could you give me a hand with this?
이것 좀 도와주실 수 있으세요?
Could you give me a hand with this?

027

Sure.

Sure.
물론이죠.
Sure.

028

I'd love to help.

I'd love to help.
기꺼이 도와드리죠.
I'd love to help.

029

Do you have time today?

Do you have time today?
오늘 시간 있으세요?
Do you have time today?

030

I'm sorry. I don't.

I'm sorry. I don't.
미안해요. 안 되겠어요.
I'm sorry. I don't.

031

You did it. Congratulations on passing.

You did it. Congratulations on passing.
해냈군요. 합격을 축하해요.
You did it. Congratulations on passing.

032

Thank you. I appreciate it.

Thank you. I appreciate it.
감사합니다. 다 염려해 주신 덕분이에요.
Thank you. I appreciate it.

033

I'm proud of you.

I'm proud of you.
당신이 자랑스러워요.
I'm proud of you.

034

It's fantastic. I love it.

It's fantastic. I love it.
훌륭해요. 아주 잘해 주셨어요.
It's fantastic. I love it.

035

I'm glad you like it.

I'm glad you like it.
칭찬해 주셔서 감사합니다.
I'm glad you like it.

036

Thank you for everything.

Thank you for everything.
수고 많으셨어요.
Thank you for everything.

037

You're welcome. It's nothing.

You're welcome. It's nothing.
천만에요. 수고랄 게 뭐 있나요.
You're welcome. It's nothing.

038

Thank you, what a wonderful gift.

Thank you, what a wonderful gift.
좋은 선물 감사합니다.
Thank you, what a wonderful gift.

039

It's just a small token.

It's just a small token.
작은 성의예요.
It's just a small token.

040

I made a mistake.

I made a mistake.
제가 실수했습니다.
I made a mistake.

041
That's all right, but be more careful in the future.

That's all right, but be more careful in the future.

괜찮습니다만, 앞으로는 좀 더 주의해 주세요.

That's all right, but be more careful in the future.

042
Are you Chinese?

Are you Chinese?

중국 사람인가요?

Are you Chinese?

043
No. I'm Korean.

No. I'm Korean.

아니요, 한국 사람이에요.

No. I'm Korean.

044
Where do you live?

Where do you live?

어디에 사세요?

Where do you live?

045
I live near here.

I live near here.

이 근처에 살아요.

I live near here.

046

When is your birthday?

When is your birthday?
생일이 언제예요?
When is your birthday?

047

My birthday is May 13th.

My birthday is May 13th.
5월 13일이 제 생일이에요.
My birthday is May 13th.

048

How would you describe your personality?

How would you describe your personality?
당신의 성격은 어떻습니까?
How would you describe your personality?

049

I'm an optimistic person.

I'm an optimistic person.
저는 낙천적인 편입니다.
I'm an optimistic person.

050

I'm very outgoing.

I'm very outgoing.
적극적이에요.
I'm very outgoing.

051

What do you do for work?

What do you do for work?
무슨 일을 하세요?
What do you do for work?

052

I'm an office worker.

I'm an office worker.
저는 회사원이에요.
I'm an office worker.

053

Do you have any hobbies?

Do you have any hobbies?
취미가 뭐예요?
Do you have any hobbies?

054

I take pictures.

I take pictures.
사진을 찍어요.
I take pictures.

055

What do you do on weekends?

What do you do on weekends?
주말에 주로 무엇을 해요?
What do you do on weekends?

056

I enjoy exercising.

I enjoy exercising.
운동하는 것을 좋아해요.
I enjoy exercising.

057

What kind of movies do you like?

What kind of movies do you like?
어떤 장르의 영화를 좋아하세요?
What kind of movies do you like?

058

I like romantic comedies.

I like romantic comedies.
저는 로맨틱 코미디 영화를 좋아해요.
I like romantic comedies.

059

Who's your favorite singer?

Who's your favorite singer?
좋아하는 가수가 누구예요?
Who's your favorite singer?

060

I like Mariah Carey.

I like Mariah Carey.
저는 머라이어 캐리를 좋아해요.
I like Mariah Carey.

061
Do you like sports?

Do you like sports?
운동을 좋아해요?
Do you like sports?

062
Yes, I like all kinds of sports.

Yes, I like all kinds of sports.
네, 운동은 다 좋아해요.
Yes, I like all kinds of sports.

063
Do you follow a religion?

Do you follow a religion?
종교가 있어요?
Do you follow a religion?

064
I believe in God.

I believe in God.
저는 하나님을 믿습니다.
I believe in God.

065
My family and I all have the same religion.

My family and I all have the same religion.
저와 가족들은 모두 같은 종교를 믿고 있습니다.
My family and I all have the same religion.

066

How many people are in your family?

How many people are in your family?
가족은 어떻게 되세요?
How many people are in your family?

067

My father, mother, younger brother and myself.

My father, mother, younger brother and myself.
아버지, 어머니, 남동생 그리고 제가 있어요.
My father, mother, younger brother and myself.

068

What's the rush?

What's the rush?
뭐가 그리 급해요?
What's the rush?

069

We don't have much time. We need to get going.

We don't have much time. We need to get going.
시간이 없어요. 빨리 움직여요.
We don't have much time. We need to get going.

070

Do you have any questions?

Do you have any questions?
질문 있어요?
Do you have any questions?

071

Please raise your hand if you have a question.

Please raise your hand if you have a question.
질문 있으면 손을 드세요.
Please raise your hand if you have a question.

072

Do you know where the restroom is?

Do you know where the restroom is?
화장실은 어디예요?
Do you know where the restroom is?

073

It's here.

It's here.
여기 있어요.
It's here.

074

What time do you open?

What time do you open?
몇 시에 문을 열어요?
What time do you open?

075

We open at eight in the morning.

We open at eight in the morning.
아침 여덟 시에 열어요.
We open at eight in the morning.

076

What time do you close?

What time do you close?
몇 시에 문을 닫아요?
What time do you close?

077

We close at ten in the evening.

We close at ten in the evening.
저녁 열 시에 닫아요.
We close at ten in the evening.

078

How do you use this?

How do you use this?
이것은 어떻게 사용해요?
How do you use this?

079

Ask the guide.

Ask the guide.
안내원에게 여쭤 보세요.
Ask the guide.

080

Are you following me?

Are you following me?
이해가 돼요?
Are you following me?

081
I'm not following you. Could you put it more simply?
I'm not following you. Could you put it more simply?
이해가 안 돼요. 좀 더 쉽게 말씀해 주세요.
I'm not following you. Could you put it more simply?

082
What did you say?
What did you say?
뭐라고 하셨죠?
What did you say?

083
I'm sorry, I didn't get that.
I'm sorry, I didn't get that.
잘 알아듣지 못했어요.
I'm sorry, I didn't get that.

084
Please say that again.
Please say that again.
다시 말씀해 주세요.
Please say that again.

085
Can I have your telephone number?
Can I have your telephone number?
전화번호가 어떻게 되세요?
Can I have your telephone number?

086

It's one two three, four five six seven, eight nine zero.

It's one two three, four five six seven, eight nine zero.
123-4567-890입니다.
It's one two three, four five six seven, eight nine zero.

087

Do you have the time?

Do you have the time?
지금 몇 시예요?
Do you have the time?

088

It's three and a half pm.

It's three and a half pm.
오후 세시 반이에요.
It's three and a half pm.

089

What time should I be there?

What time should I be there?
몇 시에 갈까요?
What time should I be there?

090

Come by a quarter to ten.

Come by a quarter to ten.
열 시 십오 분 전에 오세요.
Come by a quarter to ten.

091
How much time does it take to the airport?
How much time does it take to the airport?
공항까지는 시간이 얼마나 걸려요?
How much time does it take to the airport?

092
It takes 30 minutes.
It takes 30 minutes.
삼십 분 걸려요.
It takes 30 minutes.

093
What's the date today?
What's the date today?
오늘이 며칠이에요?
What's the date today?

094
It's August 7th.
It's August 7th.
8월 7일이에요.
It's August 7th.

095
Well, what day is it today?
Well, what day is it today?
글쎄요, 오늘이 무슨 요일이에요?
Well, what day is it today?

096

It's Tuesday.

It's Tuesday.
화요일이에요.
It's Tuesday.

097

What's the weather like today?

What's the weather like today?
밖의 날씨는 어때요?
What's the weather like today?

098

It's hot and humid.

It's hot and humid.
후덥지근하네요.
It's hot and humid.

099

It's a little chilly outside.

It's a little chilly outside.
밖은 조금 쌀쌀합니다.
It's a little chilly outside.

100

Heavy snow is falling.

Heavy snow is falling.
함박눈이 와요.
Heavy snow is falling.

SENTENCE

W M	1 week		2 week		3 week		4 week		Coach Check
month	Time	/Meta	Time	/Meta	Time	/Meta	Time	/Meta	✓
	T	/M	T	/M	T	/M	T	/M	
	T	/M	T	/M	T	/M	T	/M	
	T	/M	T	/M	T	/M	T	/M	
	T	/M	T	/M	T	/M	T	/M	
	T	/M	T	/M	T	/M	T	/M	
	T	/M	T	/M	T	/M	T	/M	
month	Time	/Meta	Time	/Meta	Time	/Meta	Time	/Meta	
	T	/M	T	/M	T	/M	T	/M	
	T	/M	T	/M	T	/M	T	/M	
	T	/M	T	/M	T	/M	T	/M	
	T	/M	T	/M	T	/M	T	/M	
	T	/M	T	/M	T	/M	T	/M	
	T	/M	T	/M	T	/M	T	/M	
month	Time	/Meta	Time	/Meta	Time	/Meta	Time	/Meta	
	T	/M	T	/M	T	/M	T	/M	
	T	/M	T	/M	T	/M	T	/M	
	T	/M	T	/M	T	/M	T	/M	
	T	/M	T	/M	T	/M	T	/M	
	T	/M	T	/M	T	/M	T	/M	
	T	/M	T	/M	T	/M	T	/M	
month	Time	/Meta	Time	/Meta	Time	/Meta	Time	/Meta	
	T	/M	T	/M	T	/M	T	/M	
	T	/M	T	/M	T	/M	T	/M	
	T	/M	T	/M	T	/M	T	/M	
	T	/M	T	/M	T	/M	T	/M	
	T	/M	T	/M	T	/M	T	/M	
	T	/M	T	/M	T	/M	T	/M	
month	Time	/Meta	Time	/Meta	Time	/Meta	Time	/Meta	
	T	/M	T	/M	T	/M	T	/M	
	T	/M	T	/M	T	/M	T	/M	
	T	/M	T	/M	T	/M	T	/M	
	T	/M	T	/M	T	/M	T	/M	
	T	/M	T	/M	T	/M	T	/M	
	T	/M	T	/M	T	/M	T	/M	
month	Time	/Meta	Time	/Meta	Time	/Meta	Time	/Meta	
	T	/M	T	/M	T	/M	T	/M	
	T	/M	T	/M	T	/M	T	/M	
	T	/M	T	/M	T	/M	T	/M	
	T	/M	T	/M	T	/M	T	/M	
	T	/M	T	/M	T	/M	T	/M	
	T	/M	T	/M	T	/M	T	/M	

STORY

The Fox and the Grapes

A FAMISHED FOX saw some clusters of ripe black grapes hanging from a trellised vine.

She resorted to all her tricks to get at them, but wearied herself in vain, for she could not reach them.

At last she turned away, hiding her disappointment and saying:

"The Grapes are sour, and not ripe as I thought."

The Hare and the Tortoise

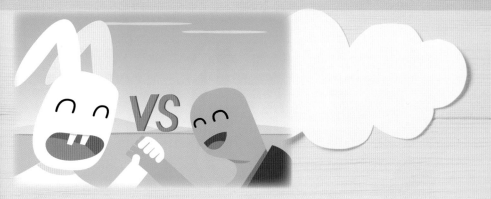

A HARE one day ridiculed the short feet and slow pace of the Tortoise, who replied, laughing:

"Though you be swift as the wind, I will beat you in a race."

The Hare, believing her assertion to be simply impossible, assented to the proposal;

and they agreed that the Fox should choose the course and fix the goal.

On the day appointed for the race the two started together.

The Tortoise never for a moment stopped,
but went on with a slow
but steady pace straight to the end of the course.

The Hare, lying down by the wayside, fell fast asleep.

At last waking up, and moving as fast as he could,
he saw the Tortoise had reached the goal,
and was comfortably dozing after her fatigue.

Slow but steady wins the race.

The Bear and the Two Travelers

TWO MEN were traveling together, when a Bear suddenly met them on their path.

One of them climbed up quickly into a tree and concealed himself in the branches.

The other, seeing that he must be attacked, fell flat on the ground, and when the Bear came up and felt him with his snout, and smelt him all over, he held his breath, and feigned the appearance of death as much as he could.

The Bear soon left him, for it is said he will not touch a dead body.

When he was quite gone, the other Traveler descended from the tree, and jocularly inquired of his friend what it was the Bear had whispered in his ear.

"He gave me this advice," his companion replied.

"Never travel with a friend who deserts you at the approach of danger."

Misfortune tests the sincerity of friends.

STORY

W M	1 week		2 week		3 week		4 week		Coach Check
month	Time	/Meta	Time	/Meta	Time	/Meta	Time	/Meta	✔
	T	/M	T	/M	T	/M	T	/M	
	T	/M	T	/M	T	/M	T	/M	
	T	/M	T	/M	T	/M	T	/M	
	T	/M	T	/M	T	/M	T	/M	
	T	/M	T	/M	T	/M	T	/M	
	T	/M	T	/M	T	/M	T	/M	
month	Time	/Meta	Time	/Meta	Time	/Meta	Time	/Meta	
	T	/M	T	/M	T	/M	T	/M	
	T	/M	T	/M	T	/M	T	/M	
	T	/M	T	/M	T	/M	T	/M	
	T	/M	T	/M	T	/M	T	/M	
	T	/M	T	/M	T	/M	T	/M	
	T	/M	T	/M	T	/M	T	/M	
month	Time	/Meta	Time	/Meta	Time	/Meta	Time	/Meta	
	T	/M	T	/M	T	/M	T	/M	
	T	/M	T	/M	T	/M	T	/M	
	T	/M	T	/M	T	/M	T	/M	
	T	/M	T	/M	T	/M	T	/M	
	T	/M	T	/M	T	/M	T	/M	
	T	/M	T	/M	T	/M	T	/M	
month	Time	/Meta	Time	/Meta	Time	/Meta	Time	/Meta	
	T	/M	T	/M	T	/M	T	/M	
	T	/M	T	/M	T	/M	T	/M	
	T	/M	T	/M	T	/M	T	/M	
	T	/M	T	/M	T	/M	T	/M	
	T	/M	T	/M	T	/M	T	/M	
	T	/M	T	/M	T	/M	T	/M	
month	Time	/Meta	Time	/Meta	Time	/Meta	Time	/Meta	
	T	/M	T	/M	T	/M	T	/M	
	T	/M	T	/M	T	/M	T	/M	
	T	/M	T	/M	T	/M	T	/M	
	T	/M	T	/M	T	/M	T	/M	
	T	/M	T	/M	T	/M	T	/M	
	T	/M	T	/M	T	/M	T	/M	
month	Time	/Meta	Time	/Meta	Time	/Meta	Time	/Meta	
	T	/M	T	/M	T	/M	T	/M	
	T	/M	T	/M	T	/M	T	/M	
	T	/M	T	/M	T	/M	T	/M	
	T	/M	T	/M	T	/M	T	/M	
	T	/M	T	/M	T	/M	T	/M	
	T	/M	T	/M	T	/M	T	/M	

자연스럽게 영어가 나오는
미라클 영어 코칭

지은이 | 진기석, 김현수
펴낸곳 | 북포스
펴낸이 | 방현철
기획자 | Alex Jin
디자인 | 최혁, 김민정

1판 1쇄 찍은날 | 2020년7월17일
1판 1쇄 펴낸날 | 2020년7월24일

출판등록 | 2004년2월3일 제313-00026호
주소 | 서울시 영등포구 양평로21가길 19 선유도우림라이온스밸리B동 512호
전화 | (02)337-9888
팩스 | (02)337-6665
전자우편 | bhcbang@hanmail.net

이 도서의 국립중앙도서관 출판시도서목록(CIP)은 e—CIP홈페이지(http://www.nl.go.kr/ecip)와
국가자료공동목록시스템(http://www.nl.go.kr/kolisnet)에서 이용하실 수 있습니다.
(cip제어번호 : 2020027001)

ISBN 979-11-5815-063-1 03740
값 20,000원